Jens Dreisbach

111 Gins,
die man getrunken
haben muss

Mit Fotografien von Tobias Fassbinder

emons:

Bibliografische Information der Deutschen Nationalbibliothek
Die Deutsche Nationalbibliothek verzeichnet diese Publikation
in der Deutschen Nationalbibliografie; detaillierte bibliografische
Daten sind im Internet über http://dnb.d-nb.de abrufbar.

© Emons Verlag GmbH
Alle Rechte vorbehalten
© der Fotografien: Tobias Fassbinder
© Covermotiv: shutterstock.com/Elena Medvedeva;
shutterstock.com/Roberto Castillo
Layout: Eva Kraskes, nach einem Konzept
von Lübbeke | Naumann | Thoben
Druck und Bindung: CPI – Clausen & Bosse, Leck
Printed in Germany 2019
ISBN 978-3-7408-0571-5
Originalausgabe

Unser Newsletter informiert Sie
regelmäßig über Neues von emons:
Kostenlos bestellen unter
www.emons-verlag.de

Auf der Suche
nach dem Gin des Lebens

Der Gin ist in. Immer noch. Die Gin-Renaissance des neuen Jahrtausends ist kein Strohfeuer, sondern hat einen langen Atem. Von der Entstehung des englischen Gins aus dem holländischen Genever um 1700 über das goldene Zeitalter des Cocktails im 19. Jahrhundert bis zu den »Roaring Twenties« und noch in den »Swinging Sixties« gehörte Gin zum guten Ton. Nach seinem zwischenzeitlichen Verschwinden in der Versenkung markierte das Erscheinen des blauen Bombay Sapphire Ende der 1980er Jahre einen erneuten Wendepunkt, und längst ist die Wacholderspirituose heute so beliebt wie kaum jemals zuvor.

Gin, das ist zunächst einmal nichts anderes als die Liaison von Alkohol und Wacholder. Zur vielleicht vielseitigsten und wandelbarsten Spirituose wird er freilich durch die unzähligen »Botanicals« mit ihrem schier unendlichen Aromenspektrum. Kaum ein Gin basiert allein auf Wacholder alias »Juniperus Rex«, wenige kommen ohne die »üblichen Verdächtigen« – Koriandersamen, Angelikawurzel und Zitrusschalen – aus, und manche wuchern mit einer nahezu unüberschaubaren Anzahl von Samen und Wurzeln, Rinden und Blättern, Blüten und Früchten. Nochmals unübersichtlicher wird das Bild durch die verschiedenen Destillationstechniken – Compound Gin, Pot-Still- oder Column-Still-Verfahren – und zahllosen Varianten: vom klassischen London Dry Gin bis zum modernen New Western Gin, von Sloe Gin über Old Tom Gin bis zu fassgelagerten Spezialitäten.

Wer sich auf die Suche nach dem Gin des Lebens begibt – in einer Cocktailbar, im gut sortierten Einzelhandel oder in den Weiten des Internets –, wird sich kaum auf Anhieb zurechtfinden können. Nachstehend findet der geneigte Leser »111 Gins (und einen Tschin), die man getrunken haben muss« – zur ersten Orientierung oder eingehenderen Beschäftigung. Viel Vergnügen – und tchin-tchin!

111 Gins

1 5 Continents Hamburg Dry Gin

Einmal um die ganze Welt

Hamburg gilt als das Tor zur Welt – der Hafen im Mündungstrichter der Elbe gehört zu den bedeutendsten Europas und rund um den Globus. Einst war die Speicherstadt Umschlagplatz für Kolonialwaren aller Art: Kaffee, Tabak und Zucker, Wein, Baumwolle und kostbare Farbstoffe wie Indigo wurden aus Brasilien, der Karibik oder Westindien, Havanna, Sansibar oder Tahiti hierhin gebracht und von hanseatischen Kaufmännern nach ganz Europa verkauft. Zu ihren Haupteinnahmequellen gehörten Gewürze aus Übersee. Über Jahrhunderte waren die Kontore und Speicher der historischen Deichstraße einer der wichtigsten Handelsplätze für Gewürznelken und Muskatnuss, Zimt und Safran, Vanille und Kardamom aus aller Welt. Pfeffer, vor allem aus Südostasien, war das begehrteste und eines der teuersten Gewürze, und der »Pfeffersack«, als Bezeichnung für reiche Kaufleute, stammt aus dieser Zeit.

Gewürze sind das Salz auch in der Gin-Suppe – und stammen von allen Kontinenten. Auf Gut Basthort, östlich vor den Toren Hamburgs am Oberlauf der Bille gelegen, dessen Geschichte bis ins 13. Jahrhundert zurückreicht, verwendet Fabian Rohrwasser 22 Botanicals von fünf Kontinenten: Koriandersamen, Paradieskörner – auch Guineapfeffer genannt – und andere Pfeffersorten aus Afrika, Ingwer und Kardamom aus Asien, Mate und Kaktusblüten aus Amerika, Eukalyptus aus Australien, Lavendelblüten und Veilchenwurzel aus Europa. Der kosmopolitische 5 Continents wartet mit einem starkwürzigen Obstprofil auf, das sich irgendwo im Quadrat von Vanille-Birne, Muskat-Traube, Süßholz-Mirabelle und Kardamom-Pfirsich befinden könnte. Ein Gin, dem man anmerkt, dass die Leidenschaft des Brenners Obstgeisten und -bränden gilt – die vielleicht beste Voraussetzung für wirklich guten Gin.

Feingeisterei – Brennerei auf Gut Basthorst, Basthorst, Schleswig-Holstein, Deutschland

Botanicals Wacholderbeeren, Koriandersamen, Angelika- und Veilchenwurzel, Ingwer, Paradieskörner, Kardamom, Kamille, Kalmus, Eukalyptus, Mate, Kaktus-, Lavendel- und Orangenblüten, Bitterorangen, Zitronen und weitere Geheimzutaten

2__Ableforth's Bathtub Gin

Der verrückte Professor aus der Badewanne

Ableforth's ist die Eigenmarke des britischen Online-Spirituosenhändlers Masters of Malt, bei dem man alles bekommt, was auch nur im Entferntesten mit Malz zu tun hat – von Bier aus Hawaii über Whisky aus Indien bis Wodka aus Italien. Ursprünglich hieß die Marke nach der Kunstfigur Professor Cornelius Ampleforth – seines Zeichens Mad Professor mit verrückten Ideen am laufenden Band –, wurde jedoch in Ableforth umbenannt, warum auch immer, vielleicht um im ABC ganz nach vorne zu rücken, was zwar albern, aber Legenden zufolge ein Marktvorteil ist.

Der Großteil der Spirituosen des Ex-Professors sind Gins, ob Old Tom, Sloe Gin, Navy Strength oder zahlreiche fassgereifte Varianten. Alle tragen den Ehrentitel »Bathtub«, und das nicht ohne Grund: Ableforth's Bathtub Gin, der Prototyp der Serie und Stammvater aller Abkömmlinge, ist ein sogenannter Compound Gin. Das heißt, dass die Botanicals im Alkohol mazeriert, dann aber nicht mehr destilliert, sondern nur noch ausgefiltert werden. Anders gesagt: Sie kommen in die kalte Wanne, ohne heiß gebadet zu werden. Früher war diese Methode weit verbreitet, heute, da sich die Meisterdestillateure handwerklich und künstlerisch immer wieder gegenseitig übertrumpfen, ist sie zur Rarität geworden.

Ableforth's ist freilich ein Badewannengin mit einem Augenzwinkern: Für ihn werden die Botanicals nämlich mazeriert und destilliert, in einem Teil des Resultats die gleichen Botanicals nochmals mazeriert und ausgefiltert. Er ist also eine Kombination von Distilled und Compound Gin. Nicht ganz klar, sondern leicht gelbstichig, hat er ein klassisches Geschmacksbild, massiert würzig die Zunge und ist unter dem Strich intensiv aromatisch. Der Wacholder spielt die Hauptrolle, in den Nebenrollen das samtig-fruchtige Trio Orange, Kardamom und Zimt sowie das würzig-bittere Duo Koriander und Nelke – mit Cameos von Muskat, Lorbeer und Pfeffer. Die Wanne ist voll, und das heißt hier: vollkommen vollmundig.

Ableforth's/Atom Brands, Royal Tunbridge Wells, Kent, England

Botanicals Wacholderbeeren, Koriandersamen, Kardamom, Gewürznelken, Cassiazimt, Orangenschalen

3 Adler Berlin Dry Gin

Preußens Gloria aus der Drogenorgel

Die preußischen Tugenden, vom Ordnungssinn bis zur Bescheidenheit, vom Fleiß bis zum Pflichtbewusstsein, bewirkten nicht zuletzt, dass Bereiche des Lebens, die zuvor wildwüchsig ins Kraut schossen, unter straffe Organisation kamen und wissenschaftlich systematisiert wurden. Beispielsweise Bier und Schnaps: Auf Initiative des Chemikers Max Delbrück und auf Order des preußischen Kabinetts wurden 1874 in Berlin-Wedding das »Institut für Gärungsgewerbe« und die »Versuchsanstalt des Verbandes der Spirituosenfabrikanten Deutschlands« gegründet. Sie dienten nicht nur der Ausbildung hoffnungsvoller Nachwuchsbrauer und -brenner, sondern auch als Versuchslabor der Spirituosenmarke Adler.

Heute betreiben Ulf Stahl, emeritierter Mikrobiologe der TU Berlin, und Gerald Schroff, Hotelier und Barmann, in der Alten Mälzerei die »Preussische Spirituosen Manufaktur« – und wieder kommt der kommerziell-wissenschaftliche Doppelcharakter zur Entfaltung. Sie haben eine »Drogenorgel«, wobei es sich um nichts anderes als ein großes Botanical-Archiv handelt, in dem Hunderte von Wurzeln, Kräutern und Gewürzen getrocknet oder eingelegt lagern.

Auf ihrer Orgel haben Stahl und Schroff einen exzellenten klassischen Gin komponiert. Er wird mittels einer museumsreifen Vakuumdestillationsapparatur gebrannt, die bei 80 °C die Aromen besonders schonend extrahiert, und anschließend mehrere Monate in Steingutgefäßen gereift.

Die beiden preußischen Adler heben zu Recht Ingwer, Koriander, Lavendel und Zitrone als besonders wichtige Drogen hervor. In der Nase dominieren Zitrus- und herbe Kräuternoten, sagen wir Thymian, Rosmarin und Fichtennadeln. Auf der Zunge ergibt sich ein Widerspiel von Wacholder und Zitrone, während immer wieder delikate Gewürzwellen, und zwar ganz und gar dry, vorbeirollen. Schon pur ein erlesener Genuss, ist der Adler in Tonic zweifelsohne Preußens Gloria in Sachen Wacholder!

Preussische Spirituosen Manufaktur, Berlin, Deutschland

Botanicals Wacholderbeeren, Koriandersamen, Angelikawurzel, Zitronenschale, Ingwer, Piment, Lavendel- und Orangenblüten, Hopfendolde, Meisterwurz, Bisamkörner, Alant-, Baldrian- und Bertramwurzel (möglicherweise weitere Geheimzutaten)

4 Adnams First Rate Dry Gin

Die zarteste Versuchung seit Erfindung der Wacholderbeere

1872 erwarben George und Ernest Adnams die Sole Bay Brewery, deren Geschichte bis ins 14. Jahrhundert zurückreicht. Die Traditionsbrauerei im malerischen Southwold an der englischen Ostküste reagierte auf die Craft-Beer-Welle, die in den letzten Jahren die Bierwelt auf den Kopf gestellt hat, indem sie, neben ihren schwächelnden Standardsorten, immer mehr außergewöhnliche und außergewöhnlich gute Biere zu brauen begann, nicht nur (India) Pale Ales und Stouts, sondern auch belgische, deutsche oder tschechische Spezialitäten mit viel Aromahopfen.

2010 eröffnete Adnams zudem die Copper House Distillery, um Whisky, Wodka und Gin zu brennen. Schon der Standard-Gin, Copper House, ist hochklassig, der First Rate Dry Gin setzt allerdings neue Maßstäbe. Um es gleich zu sagen: Kein Gin duftet göttlicher. Beispiellos mild und balsamisch wehen Vanille, Fenchel und Birne aus der Flasche und erobern das genussbereite Herz noch vor dem ersten Tropfen.

John McCarthy brennt aus Gersten-, Hafer- und Weizenmalz den Longshore Vodka, der schon für sich eine Attraktion ist. Zu noch höheren Weihen gelangt dieser »Triple Malt« freilich durch die Mazeration und Redestillation mit neun üblichen Verdächtigen sowie Vanille, Kümmel, Fenchel und Thymian. In türkisem Pastell schimmern die Wellen auf dem Etikett in der Sonne, über einem Einmaster kreisen zwei versprengte Möwen. Relaxt segelt der Wacholder voran, ohne überzuborden, mild-würzig füllen feine Vanille und subtiler Kardamom die Segel, die malzigen Noten machen ihn weich und weicher, doch den Kurs geben eindeutig die überaus angenehmen Fruchtnoten vor, die unbestimmt bleiben und zwischen Apfel und Birne, Litschi und Aprikose changieren. Die zarteste Versuchung seit Erfindung der Wacholderbeere – und ein erlesenes Kunstwerk der Gin-Alchemie.

Adnams Copper House Distillery, Southwold, Suffolk, England

Botanicals Wacholderbeeren, Koriandersamen, Angelika- und Veilchenwurzel, Kardamom, Cassiazimt, Vanille, Kümmel, Fenchelsamen, Süßholz, Thymian, Orangen- und Zitronenschalen

5 An Dúlamán
Irish Maritime Gin

Erhabener Steinberg, magische Algen und milde Mandarine

Edmund Burke, Immanuel Kant und Friedrich Schiller haben in ihren Überlegungen zur Ästhetik zwischen dem Schönen und dem Erhabenen unterschieden. Während das Schöne Lustgefühle auslöst, in jeder Hinsicht angenehm ist, eignet dem Erhabenen etwas Bedrohliches: der durch Stürme empörte Ozean, der schwindelerregende Abgrund, lavaspeiende Vulkane, gewaltig überhängende Felsformationen oder sich auftürmende Gewitterwolken atmen Erhabenheit. Es sind also im Wesentlichen Naturphänomene, die dem Menschen zeigen, wie klein er ist und wie schnell alles vorbei sein kann, die nicht schön, sondern erhaben sind.

Die Klippen von Sliabh Liag, dem »Steinberg« im Westen der irischen Grafschaft Donegal, fallen steil in den Atlantischen Ozean und ragen schroff 600 Meter aus dem ganz und gar nicht milden, sondern unbändig wilden Meer. Bei Ebbe, bevor die wütende Flut wieder einsetzt, müssen die Algensammler in die Gezeitenzone, auf Meereshöhe, um den Pfeffertang *(Osmundea pinnatifida)*, den Trüffel der See, und andere Algen zu ernten. Die irischen Tang-Brenner verwenden sie, um »Draíocht na Farraige« – die Magie der See – einzufangen.

»Dúlamán« ist ein irisches Volkslied, in dem es um das Sammeln von Algen, die Armut und die Liebe geht – und zugleich der irische Name des Rinnentangs. In »Méabh« (Maeve), der 500 Liter fassenden Kupferschönheit der Sliabh Liag Distillery, werden, neben sechs konventionellen Zutaten, fünf Meeresalgen gebrannt, die einen Umami-Zungenschlag mitbringen. Wer nun allerdings glaubt, der Dúlamán sei der Austernschlürfer oder das Salzwasser unter den Gins, der liegt komplett daneben. Zwar hat der maritime Gin etwas, das unergründlich duftet und mundet und der Tang-umami-Twist sein könnte, doch das Schlüsselaroma des Dúlamán ist unverkennbar: milde, fruchtige, saftige Mandarine.

Sliabh Liag Distillery, Carrick, Donegal, Irland

Botanicals Wacholderbeeren, Koriandersamen, Angelikawurzel, Cassiazimt, Orangen- und Zitronenschalen sowie fünf Sorten Meeresalgen: Knorpel-, Zucker-, Lappen-, Pfeffer- und Rinnentang

6 __ Anno Kent Dry Gin

Lasst Blumen sprechen – der ländlichste Gin aus dem englischsten Garten

»Wissenschaft und Natur« lautet der Slogan von Anno Distillers aus dem beschaulichen Marden inmitten der ländlichen Idylle Kents. Natur gibt es hier im Überfluss, etwa auf den Marden Meadows, wo der »Kent Wildlife Trust« seltene Blumen wissenschaftlich untersucht, die auf so schöne Namen wie Natternzunge, Kleines Knabenkraut oder Knöllchen-Steinbrech, Kleiner Klappertopf, Europäische Wasserfeder oder Schmalblättrige Blasen-Segge hören. Für die Wissenschaft sind die Gründer, Dr. Andy Reason und Dr. Norman Lewis (An + No = Anno), zuständig, die von der Kosmetik-Chemie in die Gin-Alchemie wechselten und seit 2011 einen Gin brennen, wie er ländlicher nicht sein könnte.

Unter den 16 Botanicals des Kent sind neun einschlägige sowie Kaffirlimettenblätter, die die Zitrusschalen unterstützen. Die sechs floralen Aromenspender werden nicht mazeriert, sondern steuern im aufsteigenden Dampf das Ihre bei. Sie stammen aus dem »Garten Englands«, wie Kent auch genannt wird: Hopfen, Lavendel, Holunderblüten, Hagebutten, Kamille und Meerfenchel – Letzterer aus der Romney Marsh, einer dünn besiedelten Marschlandschaft an der Küste. Sie sorgen für zart-florale Noten en masse. Schon der Duft, der aus der Flasche aufsteigt, ist extrem blumig, weich und betörend, durch und durch Cottage Garden. Ein Eindruck, der sich auch gustatorisch ungebrochen fortsetzt, ob pur oder im Mix. Zitrus-, Kräuter- und Gewürznoten melden sich, der Kentische spricht aber eindeutig die Sprache der Blumen. Seine elegante, zurückhaltene Aromatik und sein florales Bouquet geben dem Gin vom Lande einen, wenn man so will, femininen Touch.

Mit Holunderblüten-Tonic und Gurkenscheibe ist der Anno Kent ein großartiger Genuss für all jene, die ihren G'n'T gerne zu einem saftigen Stück Erdbeertorte schlürfen. Mit einem Wort: *Kent as Kent can!*

Anno Distillers, Marden, Kent, England

Botanicals Wacholderbeeren, Koriandersamen, Angelika- und Veilchenwurzel, Cassia-zimt, Süßholz, Kubebenpfeffer, Hopfen, Lavendel, Holunderblüten, Hagebutten, Kamille, Meerfenchel, Kaffirlimettenblätter, Zitronen- und Bitterorangenschalen

7__ Beefeater
London Dry Gin

Süßes Holz, rohes Fleisch und royale Leibwächter

Gordon's, Bombay Sapphire und Tanqueray haben das Treppchen fest im Griff, auf Platz vier der meistverkauften Gins folgt der Beefeater. Seine Geschichte beginnt 1863, als der aus Kanada zurückgekehrte Apotheker James Burrough die Destillerie John Taylors in Chelsea erwarb. 1876 schlug die Geburtsstunde des Beefeaters, der sofort ein großer Erfolg wurde, vor allem wegen des Rezepts, aber auch wegen der neuartigen Vermarktung. Während Gins bis dahin üblicherweise den Namen des Eigentümers, der Destillerie oder des Orts trugen, benannte Burrough sein Aushängeschild nach der königlichen Leibgarde.

Die »Yeoman Warders of Her Majesty's Royal Palace and Fortress the Tower of London« schützten einst Ihre Majestät und den Tower, sind in ihren roten Tudor-Röcken heute freilich vor allem eine Touristenattraktion. Schon seit dem 17. Jahrhundert werden sie spöttisch »Beefeater« genannt, wahrscheinlich weil sie stets ordentliche Rindfleischmahlzeiten vorgesetzt bekamen, denn um King und Queen zu schützen, muss man bekanntlich groß und stark sein.

1958 zog die Destillerie nach Kennington, seit 2005 gehört sie zum Anisée-Imperium von Pernod Ricard. Master Distiller Desmond Payne, ein ganz alter Hase und bereits seit 1995 bei Beefeater, sorgt dafür, dass das Rezept, dessen älteste schriftliche Überlieferung aus dem Jahr 1895 stammt, originalgetreu umgesetzt wird. Die Botanicals werden 24 Stunden mazeriert und sieben Stunden destilliert. Geschmacklich stechen die Bitterorangen, vor allem aber das Süßholz hervor. Letzteres ist es auch, das gewissermaßen aromatisch die Brücke zum Beef bildet. Denn, seien Sie, lieber Leser, versichert, Süßholz in erheblicher Dosierung hat etwas Animalisches, einen süßlichen Hautgout von rohem Fleisch. Definitiv kein Beefeater, sondern ein veganer Beefdrink!

The Beefeater Distillery, London, England

Botanicals Wacholderbeeren, Koriandersamen, Angelikawurzel und -samen, Süßholz, Mandeln, Liliensamen, Bitterorangen- und Limonenschalen

8 The Bitter Truth Pink Gin

*Die bittere Wahrheit über den Bundesnachrichtendienst
und Lachs aus der Isar*

Ganz Pullach wird umgetrieben von einem und nur einem Thema:
der bitteren Wahrheit. Das gilt für den Bundesnachrichtendienst, der
1956 aus der berüchtigten Organisation Gehlen hervorging, und erst
recht für The Bitter Truth.

Stephan Berg und Alexander Hauck, beide keine Geheimagenten,
jedenfalls nicht bekanntermaßen, wohl aber Bartender von Beruf und
aus Berufung, beschlossen 2006, den altehrwürdigen Bittern wieder
auf die Sprünge zu helfen. Während die Bitter im goldenen Zeitalter der Cocktail-Kultur eine Kunst für sich waren, ging das Wissen
um sie während der Prohibition zurück und hat sich seither nie ganz
erholt. Die ersten drei Bitter aus der Feder von Berg und Hauck hießen Orange Bitters, Old Time Aromatic Bitters und Lemon Bitters.
Es folgten zig weitere, darunter Essenzen aus Sellerie, Grapefruit,
Schokolade, Pfirsich, Gurke und Olive.

Mit dem Pink Gin, der tatsächlich eher lachsfarben ins Auge
sticht, ist den Bitter-Bayern ein echter Coup gelungen. Der Ver-
schnitt aus Gin und Bittern gibt sich wenig auskunftsfreudig: Weder
die Botanicals des Gins noch die Anzahl und Sorten der Bitter werden preisgegeben. Es hilft nichts, man muss die Flasche schon öffnen.
Nur Mut, der Lachs wird schon nicht beißen!

Dem Flakon entströmt, wie zu erwarten, ein pralles Parfum, in
dem Anis- und Kümmeltöne dominieren, durch die der einschlägige
Wacholderduft jedoch klar und deutlich nach vorne drängt. Gustatorisch vertragen sich Gin und Bitter vortrefflich: bitter und Bitter
gesellt sich gerne. Schon pur oder leicht verdünnt harmonieren die
beiden Essenzen prächtig, ihre Bittertrümpfe spielen sie voll und
ganz freilich in Verbindung mit Tonic oder in einem Martini aus.
Der Lachs aus der Isar ist ein aromatisierter Gin, dessen Rechnung
aufgeht. Und Puristen sei gesagt: Ist nicht jeder Gin im Grunde
aromatisiert?

The Bitter Truth, Pullach im Isartal, Bayern, Deutschland

9 Black Fox Oaked Gin

Der bernsteinfarbene Fuchs aus dem Eichenfass

Die kanadische Provinz Saskatchewan ist fast doppelt so groß wie Deutschland, hat aber nur gut eine Million Einwohner. Nicht einmal zwei Menschen verlieren sich rein rechnerisch auf einem Quadratkilometer. Tatsächlich tummeln sich die meisten Einwohner im Süden, rund um die größte Stadt Saskatoon. Dort betreiben John Cote und Barb Stefanyshyn-Cote die Black Fox Farm. Rotfüchse sehen sie ständig, eine Zeit lang trieb sich aber ein ziemlich seltener schwarzer Fuchs auf ihren Feldern herum. Ihn wählten sie zum Wappentier, beschreiten sie auf ihrer Farm doch unkonventionelle Wege und haben für ihre innovativen Ideen diverse agrikulturelle Auszeichnungen erhalten.

Neben Wodkas und Likören haben die Cotes eine ganze Reihe Gins im Angebot, die es faustdick hinter den Fuchslöffeln haben. Sie mazerieren die Botanicals nicht, sondern extrahieren die Aromen im aufsteigenden Dampf, um ein weicheres Ergebnis zu erzielen. Bezüglich der Zutaten geben sie sich verschwiegen, auch beim exzellenten Oaked Gin: Wacholder ist sicher drin, auch Koriander, Paradieskörner, Blumen, Blüten und Zitrusschalen, Rhabarber und Kümmel könnten gerüchteweise mit von der Partie sein – fast alles stammt von der Farm. Der fertige Gin wird sechs bis acht Monate in neuen Fässern aus Amerikanischer Weiß-Eiche gelagert.

Der Oaked Gin ist ein bernsteinfarbener Fuchs. Er duftet whiskyweich und ginklar – und ist auch geschmacklich das gefundene Bindeglied zwischen beidem: Rauch, Vanille und Karamell auf der einen, Wacholder, Zitrus und Ingwer auf der anderen Seite. Dass dieses und jenes so perfekt harmonieren, ist das eigentlich Sensationelle am Fuchs aus dem Eichenfass. Connaisseurs nennen den Geeichten deshalb mit Recht auch Sommer-Scotch oder Winter-Gin. Der kanadische Hybridbrand mundet freilich auch im Frühling und Herbst mehr als nur großartig und gehört zum Ausgefuchstesten, was man mit Wacholder anstellen kann.

Black Fox Farm & Distillery, Saskatoon, Saskatchewan, Kanada

10 Blind Tiger Imperial Secrets Gin

Menschen, Tiere, Ginsationen – schon mal einen blinden Tiger gesehen?

Mindestens drei Blind-Tiger-Gins gibt es rund um den Globus. Erstens den Blind Tiger Organic Gin aus Renmark, Australien, gebrannt in der St. Agnes Distillery, die zum Imperium der Winzerfamilie Angove gehört – in ihm trumpft Bohnenkraut aus Spanien groß auf. Zweitens den Blind Tiger Gin aus KwaZulu-Natal, Südafrika, der mit Passionsblumen und Zitronengras geimpft wird. Und drittens den Blind Tiger Imperial Secrets Gin aus Belgien. Gerüchten zufolge trug sich auch eine Brennerei in Boulder, Colorado, mit dem Gedanken, einen Blind Tiger Gin ins Rennen zu werfen, wozu es allerdings (noch) nicht kam. Blinde Tiger sind übrigens keineswegs asiatische Großkatzen, sondern vielmehr Schimären aus den finsteren Zeiten der Prohibition. In Speakeasys war es seinerzeit üblich, Eintrittskarten zu kaufen, um im Hinterzimmer einen blinden Tiger bestaunen zu dürfen (sprich: einen Cocktail in die Hand gedrückt zu bekommen).

Der Blind Tiger Imperial Secrets ist ein Hipster von einem Gin: Sophie Gheysens und Thomas Baert, »Bonnie und Clyde der belgischen Spirituosenindustrie«, wäre es möglicherweise lieber, der Alkohol wäre verboten und es gäbe wieder Speakeasys. Es sei daran erinnert, dass es in Belgien lange ein partielles Alkoholverbot gab: Von 1919 bis 1983 galt das Vandervelde-Gesetz, nach dem Hochprozentiges in Lokalen nicht ausgeschenkt werden durfte – ein Gesetz freilich, das sowohl in Flandern als auch Wallonien ohne Unterlass emsig ausgehebelt wurde. Der Blind Tiger ist geschmacklich alles andere als ein Rebell. Er ist komplett auf die Aromatik des Wacholders ausgerichtet, die sowohl ihre bittere als auch ihre beerensüße Seite ausspielt, während alle anderen Botanicals vor Juniperus Rex die tiefe Verbeugung üben und untertänigst seinem Glanz und seiner Gloria dienen. Speak easy!

Deluxe Distillery, Kortrijk, Westflandern, Belgien

Botanicals Wacholderbeeren, Koriandersamen, Angelika- und Veilchenwurzel, Paradieskörner, Bittermandeln, schwarze Tees aus Assam, Kaschmir und Yunnan (Harmutty, Secret of Cashmere, Imperial Pu-Erh), Zitronengras, Zitronenschalen

11 Bluecoat
American Dry Gin
Nordstaaten-Tugenden und Südstaaten-Melancholie

Als Andrew Auwerda, Robert John Cassell und Timothy Yarnall Philadelphia Distilling 2005 aus der Taufe hoben, wehten zwei historische Daten durch die Straßen von »Philly«. Erstens hatte es angeblich seit den Tagen der Prohibition keine einzige Craft-Brennerei mehr im ganzen Staat gegeben. Und zweitens begab sich 1863 auf pennsylvanischem Boden die »Schlacht von Gettysburg«, die, neben der Belagerung von Vicksburg, als Wendepunkt im amerikanischen Bürgerkrieg gilt. In dem dreitägigen Gemetzel, der wohl blutigsten Schlacht auf US-amerikanischem Boden, stoppten die »Blauröcke« des Nordens den Marsch der »Grauhemden« auf Washington und erzwangen den Rückzug der Konföderierten auf Südstaatengebiet.

Nicht nur seinen Namen, sondern auch sein Aussehen hat der Bluecoat von der blauen Uniform der Unionssoldaten, die für »Tugend, Freiheit und Unabhängigkeit«, so das Staatsmotto Pennsylvanias, ihr Leben gaben. Der American Dry Gin verschweigt geheimniskrämerisch seine Botanicals, seine massiven 47 Prozent sind freilich ebenso unverkennbar wie sein wuchtiger Wacholder. Zweifelsohne sparen die Pennsylvanier auch nicht an Zitrusschalen, und das könnte heißen: Bergamotte oder Bitterorange. Der Blaurock wird daneben durch Gewürzaromen bestimmt, während er auf kräuterige, florale Noten verzichtet. Langsam, ganz langsam schleicht sich eine delikate Süße ein, die aus Alabama, Georgia oder Tennessee stammen könnte – eine wehmütige Südstaatensüße.

Sitzt man in seinem Schaukelstuhl auf der Veranda, lässt den Blick über die Baumwollfelder schweifen, um darauf tagträumend in Halbschlaf zu sinken, dann kann man vielleicht Stimmen vernehmen. Er (nennen wir ihn Rhett): »Man sollte Sie oft küssen – und zwar jemand, der was davon versteht.« Und sie (nennen wir sie Scarlett): »Tara, Tara, ich will zurück nach Tara!«

Philadelphia Distilling, Philadelphia, Pennsylvania, Vereinigte Staaten

Botanicals Wacholderbeeren, Koriandersamen, Angelikawurzel, Zitrusschalen und weitere Geheimzutaten

12 Boar Blackforest Premium Dry Gin

Harziges Trüffelschwein mit nussigen Noten

Boar, ey! Noch ein Schwarzwald-Gin. Aber an dieser Stelle keine romantischen Verklärungen zu Dächern bis zum Boden und düsteren Nadelwäldern, Bollenhüten und Kuckucksuhren. Sondern erst einmal eine Richtigstellung zur Natur des Trüffels und zur Biologie des Wildschweins. Der Sommer- oder Burgundertrüffel ist in Deutschland, insbesondere im Südwesten, in freier Wildbahn keine Seltenheit und wird inzwischen auch künstlich angebaut. Geerntet wird er freilich von Hunden, denn Schweine zerstören viel Baumwurzelwerk, in dem allein die Trüffel gedeihen können, und sind ganz und gar nicht geneigt, das Objekt der Begierde herauszurücken. Theoretisch geeignet wären dafür sowieso nur die Sauen und Bachen, nicht aber die Eber und Keiler. Nur Weibchen haben das Näschen, möglicherweise weil der Sexualduftstoff der Männchen auch von Trüffeln ausgedünstet wird.

Ein Keiler ziert das Etikett des Boar – kein Wunder, schließlich ist Letzteres nichts anderes als die englische Bezeichnung für Ersteren. Und die Schwarzwälder Burgundertrüffel, die man fast für Brombeeren halten könnte, werden allerseits für die Geschmeidigkeit des Boar verantwortlich gemacht. Er stammt aus der Feder von Torsten Boschert, Hannes Schmidt und Markus Keßler und wird in der Brennerei Keßler, deren Geschichte bis 1844 zurückreicht und die eigentlich auf Obstbrände spezialisiert ist, zum Leben erweckt. Ein präsenter Wacholder, angenehm pfeffrige Gewürznoten, frischer Thymian sowie Nadelholzharz bilden ein interessantes Geschmacksprofil – das gewisse Etwas sind die erdigen, nussigen Anklänge, die man geneigt ist, den Trüffeln zuzuschreiben. Der Flaschenanhänger schlägt vor, den Boar mit Himbeeren, Zitronensaft, Zuckersirup und Tonic auf Eis zu servieren und mit Minze zu garnieren. Der Name des Cocktails: Lockstoff. Geiler Keiler!

The Black Forest Boar Distillery, Bad Peterstal, Baden-Württemberg, Deutschland

Botanicals Wacholderbeeren, Koriandersamen, Piment, Paradieskörner, Süßholz, Gewürznelken, Lavendel, Thymian, Rosmarin, Rosenblüten, Goldmelisse, Burgundertrüffel, Zitrone
(möglicherweise weitere Geheimzutaten)

13 Bobby's Schiedam Dry Gin

Der aromatische Spagat zwischen Südholland und Niederländisch-Ostindien

East meets West. Indonesien trifft in Holland auf England. Und das kam so: 1950 wanderte Jacobus »Bobby« Alfons von Ambon, der Hauptinsel der indonesischen Molukken, in die Niederlande aus. Er war dem Genever seiner neuen Heimat nicht abgeneigt, vermisste aber die Gewürzaromen seiner alten Heimat – also pimpte er den holländischen Wacholderschnaps mit indonesischen Gewürzen. 2012, so die Legende, entdeckte Enkel Sebastiaan van Bokkel bei seiner Mutter eine Flasche indonesischen Genever, die seinen Großvater überlebt hatte. Der Fund ließ ihn nicht mehr los, und bald nahm der Wacholder-Infizierte einen holländisch-indonesischen Gin in Angriff.

Die Branderij de Tweelingh in Schiedam öffnete ihre Tore 1777 und gehört damit zu den ältesten Destillerien der Welt. Einst auf Genever spezialisiert, brennen Dick Jansen, der das Familienunternehmen in siebter Generation führt, und Meisterdestillateur Ad van der Lee heute vielerlei Spirituosen, am bekanntesten sind freilich die Genever der Marke Notaris.

Sebastiaan van Bokkel realisiert Bobby's Schiedam Dry Gin mit Dick Jansen. In der Genever-Schmiede vor den Toren Rotterdams werden die acht Botanicals separat gebrannt und verblendet. Der geografisch-aromatische Spagat zwischen Holland und seiner ehemaligen Kolonie Niederländisch-Ostindien, zwischen den Europäern Wacholder, Fenchel, Hagebutte und den Exoten Kubebenpfeffer, Zimt, Zitronengras prägt Bobby's Gin deutlich. Eine zweite Dehnübung ergibt sich zwischen Genever und Gin: Zwar spricht Bobby's Englisch, aber doch mit starkem holländischen Akzent – eine malzige Süße, typisch Genever, ist unverkennbar. Um die Verwirrung komplett zu machen, haben van Bokkel und Jansen nachgelegt: Bobby's Schiedam Genever wird mit Wacholderbeeren, Kubebenpfeffer, Kardamom, Ingwer und Zitronengras aromatisiert.

Herman Jansen Beverages / Branderij de Tweelingh, Schiedam, Südholland, Niederlande

Botanicals Wacholderbeeren, Koriander- und Fenchelsamen, Kubebenpfeffer, Zimt, Gewürznelken, Hagebutten, Zitronengras

14 Boodles British London Dry Gin

Das aristokratische Rasierwasser ohne Zitronen

Der Stadtteil St James's in der City of Westminster wurde im 17. Jahrhundert zum bevorzugten Wohnsitz des britischen Adels, im 19. Jahrhundert zum Epizentrum der Gentlemen's Clubs, in denen sich die Upperclass, zunächst die aristokratische, später auch die bürgerliche, traf. »Boodle's« wurde 1762 gegründet und ist damit nach dem »White's Club« (1693) der zweitälteste bis heute existierende Gentlemen's Club Londons. Zu den Gästen der ersten Stunde gehörten David Hume und Adam Smith, die beiden bekanntesten englischen Philosophen des 18. Jahrhunderts. Später ging Winston Churchill ein und aus, zu dessen Lieblingsgins der Boodles gehört haben soll. Ian Fleming, der Schöpfer von James Bond, ließ 007 im »Blades Club« verkehren, für den der »Boodle's« Pate gestanden hat. Zu den Mitgliedern gehörte auch der Gentleman schlechthin: David Niven, der in der Oscar-prämierten Verfilmung des Klassikers von Jules Verne in einem Gentlemen's Club – wo sonst? – die Wette einging, »In 80 Tagen um die Welt« zu reisen. Benannt wurde der »Boodle's Club« übrigens, very british, nach seinem ersten Chefkellner Edward Boodle.

Boodles British Gin wurde 1845 von Cock Russell & Company aus der Taufe gehoben, heute wird er in Greenall's Destillerie in einer Carter-Head-Anlage gebrannt. Er ist einer der ganz wenigen altehrwürdigen, klassischen London Dry Gins, die ganz ohne Zitrusfrüchte auskommen. Gleichwohl hat er unverkennbare Zitrusnoten, die zweifelsohne auf das Konto von reichlich Koriander gehen. Hinzu kommt eine subtile Bittere, für die zum Ersten der kieferne Wacholder, zum Zweiten die Gewürzfraktion und zum Dritten Salbei und Rosmarin verantwortlich zeichnen. Very dry, äußerst weich und fein abgestimmt, ist er reinstes britisches Understatement – nicht minder seine herrlich unprätentiöse Rasierwasserflasche.

G & J Distillers, Warrington, Cheshire, England

15__ The Botanist Islay Dry Gin

*Das staubtrockene Kräuterwunder von den
Inneren Hebriden*

Auf Islay, der südlichsten Insel der Inneren Hebriden, verlieren sich gerade einmal gut 3.000 Einwohner. Auf jeden kommen zehn Schafe, die das saftige Grün gleichmütig kurz halten. Und noch etwas ist auf Islay überproportional vertreten: Whisky-Brennereien. Ardbeg, Lagavulin und Laphroaig im Süden, Bowmore, Bruichladdich und Kilchoman im Westen, Ardnahoe, Bunnahabain und Caol Ila im Nordosten.

Bruichladdich liegt am Loch Indaal und wurde 1881 von den Brüdern John, Robert und William Harvey gegründet. Seit 1936 wechselten mehrfach die Besitzer, 1994 standen die Maschinen still, doch Anfang des neuen Millenniums gelang die Wiederbelebung. 2010 erwarb die Brennerei eine »Lomond Still« der ehemaligen Inverleven Distillery, die am Firth of Clyde vor den Toren Glasgows seit 1959 ihren Dienst getan hatte. Das Lomond-Verfahren, ein Zwitter zwischen dem diskontinuierlichen Pot- und dem kontinuierlichen Column-Verfahren, wurde 1955 von Alistair Cunningham erfunden. Das 15.500-Liter-Ungetüm »Ugly Betty« ist eines von zwei erhaltenen Exemplaren – allerdings brennt sie nicht Whisky, sondern Gin.

Meisterdestillateur Jim McEwan heizt die Lomond Still an und gibt die robusten Botanicals in festgelegter Reihenfolge nach und nach in den Kessel, während die empfindlichen Kräuter, Blätter und Blüten erst viel später am Kopf der hässlichen Betty ihre Aromen abgeben. Der Botanist hat ein prägnantes Kräuter-Odeur, geschmacklich zeigt der Wacholder aber sofort, wer das Sagen hat – glänzend unterstützt von den anderen acht üblichen Verdächtigen. Doch dann geschieht das Kräuterwunder von Islay: Staubtrocken erobert das einheimische Bouquet garni Zunge und Gaumen, nicht ein Hauch süßlicher Fehlgeschmack stellt sich ein. Eine frische Zitrusbrise weht hinterher – und macht den Islay Dry Gin: perfekt!

Bruichladdich Distillery, Isle of Islay, Argyll and Bute, Schottland

Botanicals 9 übliche: Wacholderbeeren, Koriandersamen, Angelika- und Veilchenwurzel, Süßholz, Zimt, Cassiazimt, Zitronen- und Orangenschalen; 22 lokale: Kriech-Wacholder, Pfeffer-, Apfel- und Wasserminze, Zitronenmelisse, Kamille, Süßdolde, Mädesüß, Gagelstrauch, Rainfarn, Weißklee, Beifuß, Thymian, Salbei-Gamander, Birkenblätter, Ackerkratzdistel, Heidekraut-, Holunder-, Stechginster-, Labkraut-, Rotklee- und Weißdornblüten

16___Boxer Gin

K.-o.-Sieg nach Uppercut mit Himalaya-Wacholder

Thomas King (1835 – 1888) war einer der großen Stars des Boxens in der Übergangszeit vom Bare-knuckle- zum Queensberry-Boxen – das heißt vom Kampfsport ohne Handschuhe zu jenem mit Bandagen. Der »Fighting Sailor« galt als technisch außerordentlich versierter Boxer, verfügte aber auch über einen gefürchteten Punch. In legendären Kämpfen 1862 gegen Jem Mace und 1863 gegen John C. Heenan eroberte und verteidigte er den Titel des englischen Meisters im Schwergewicht. Vor jedem Kampf soll er sich mit einem ordentlichen Schluck Gin in Stimmung gebracht haben – für den entscheidenden Extra-Punch.

Sustainable Spirit (ex Greenbox Drinks) hat ein ökologisches Konzept entwickelt, um Verpackungsmaterialien stark zu reduzieren – mit kompostierbaren Nachfüllbeuteln. Ein Sonderlob dafür, und auch für die glasbedruckte Flasche, hinterseitig mit Tom King, vorderseitig mit der Aufschrift »Fresh Juniper«, der dem Boxer Gin den Punch verleiht. Sein Geschmacksbild ist das eines typischen London Dry Gins – sehr »juniper forward« –, er ist allerdings nach EU-Recht keiner. Zwar werden die Botanicals, darunter bulgarischer Wacholder, acht Stunden mazeriert und destilliert – so weit, so gut –, doch dann bekommt der Boxer zwei Infusionen: Zum einen werden frische Bergamottenschalen kalt gepresst, um die ätherischen Öle zu extrahieren, zum anderen frische Himalaya-Wacholderbeeren noch in Nepal dampfdestilliert.

Der Extra-Kick Bergamotte und der Extra-Punch Wacholder stehen dem Boxer ausgezeichnet. Letzterer steht eindeutig im Mittelpunkt und macht einen ausgesprochen »frischen« Eindruck. Die Zitrusaromatik erhält durch die würzig-bitteren Bergamotteöle Tiefe und Komplexität. Zum Box-Champion wird er allerdings durch sein robustes Gewürz-Rückgrat, für das die grandiose Langley Distillery ein besonders gutes Händchen hat.

The Sustainable Spirit Co., London / Langley Distillery, Oldbury, West Midlands, England

Botanicals Wacholderbeeren, Koriandersamen, Angelika- und Veilchenwurzel, Zimt, Cassiazimt, Muskatnuss, Süßholz, Zitronen-, Orangen- und Bergamottenschalen

17__Brandstifter Berlin Dry Gin

Gestifteter Brand mit Berliner Schnauze

Vincent Honrodts Urgroßvater Ernst war in den 1930er Jahren Direktor der Zuckerfabrik Voßberg, östlich von Berlin an der heutigen deutsch-polnischen Grenze gelegen. In seiner Freizeit widmete er sich der Herstellung edler Brände aus Getreide und Zuckerrüben – für Freunde und Familie. Der Urenkel setzte die Familientradition ab 2009 in Berlin fort. Seine erste Spirituose: der siebenfach gefilterte Premium Kornbrand, der, so die Auskunft des Berliner Brandstifters, sofort einen »Flächenbrand« auslöste.

Doch Vincent Honrodt wollte mehr: einen Gin. Per Crowdfunding sammelte er Geld, um seinen Traum zu realisieren. Er annoncierte einen Gin, der »vom Anbau bis zur Abfüllung 100 % Berlin« sein sollte. Eine Idee, die offene Türen einrannte, und schon 2013 konnte die Brandstiftung beginnen. Auf dem Hof von Christian Heymann, dem Bauernhof Speisegut in Gatow vor den Toren Berlins, werden seither die Botanicals für den Berlin Dry Gin in einem eigens angelegten Garten angebaut. Sie treten dann ihre kurze Reise vom westlichen an den östlichen Stadtrand an, wo sie auf dem Gutshof Alt Kaulsdorf, dem Sitz der Spirituosenherstellung Schilkin, mazeriert und destilliert werden. Als Basisalkohol dient, was läge näher, das Weizendestillat des Kornbrands.

Brandstiftung ist selbstredend nichts, was man vor aller Augen, im hellen Licht der Öffentlichkeit, anstellt. A bisserl Geheimnis gehört schon dazu. Deswegen verrät Honrodt auch nicht, welche Kräuter, Wurzeln und Blüten in seinen Berliner Gin kommen. Nur so viel: Die vier typisch berlinerischen Zutaten sind Malven- und Holunderblüten mit ihren floralen Noten, der Waldmeister mit seinem unvergleichlichen Aroma und frische Gurken. Der Wacholder ist extrem zurückhaltend, der Berlin Dry Gin sehr mild und von einem apfelartigen, süßlich-halbbitteren Aroma geprägt.

Berliner Brandstifter, Berlin, Deutschland

18 Brecon
Special Reserve Gin
Zwei Prinzen von Wales und die Kunst der Mäßigung

1889 wurde in Fron-goch bei Bala die Welsh Whisky Distillery Co. gegründet – die erste offizielle Whisky-Brennerei in Wales. Mehr Unabhängigkeit von Schottland und Irland, das gefiel auch Queen Victoria, die 1891 vorbeischaute, und »Bertie«, Prince of Wales, der 1894 hereinschneite. Doch es half alles nichts, auch die royale Zuneigung samt Ernennung zum Hoflieferanten nicht. Im April 1900 wurde Welsh Whisky liquidiert. Misswirtschaft, die erbitterte Feindschaft der schottischen und irischen Brenner, das Ableben von Chef Robert Willis unter den Rädern eines Pferdefuhrwerks, die in der Blüte stehende Abstinenzbewegung und die fehlende Gunst des Publikums führten zügig in den Ruin. Im Ersten Weltkrieg diente die Destillerie als Internierungslager für deutsche Kriegsgefangene, ab 1916 auch für irische Unabhängigkeitskämpfer. Drei Flaschen Welsh Whisky sollen noch erhalten sein, an denen man gerne mal schnuppern und nippen täte.

Ein Jahrhundert und ein paar Monate nach dem jähen Ende des kurzlebigen walisischen Whisky-Feldversuchs, im September 2000, nahm die Penderyn Distillery die Arbeit auf – am Rande des Brecon Beacons National Park, umgeben von wildromantischen Hochmooren, düsteren Wäldern und kristallklaren Wasserläufen. Vier Jahre später präsentierte sie mit dem Aur Cymru Single Malt ihren ersten Whisky. Der Stargast beim Stapellauf: Charles, Prince of Wales.

2007 fand die neue Welsh Whisky Company zum Gin. Der Brecon gibt sich durch und durch klassisch: Alkohol aus walisischem Korn, Wacholder und neun weitere einschlägige Botanicals sowie Wasser aus den Brecon Beacons – sonst nichts. Nicht Extravaganzen leuchten ihm den Weg, sondern das Ideal der Mäßigung. Milder Wacholder, milde Gewürze und milde Zitrusfrüchte machen den Brecon zum leuchtenden Beispiel walisischen Understatements.

Penderyn Distillery, Penderyn, Rhondda Cynon Taf, Wales

Botanicals Wacholderbeeren, Koriandersamen, Angelika- und Veilchenwurzel, Zimt, Cassiazimt, Süßholz, Muskatnuss, Orangen- und Zitronenschalen

19 Brentingby London Dry Gin

Die beharrliche Verbesserung des idealtypisch Klassischen

Gin mit Algen, Ameisen oder Hackfleisch; gelber, roter und blauer Gin; Gin, in dem man den Wacholder lange suchen kann – die Neo-Gin-Craze der letzten Jahre hat alle möglichen Verrücktheiten mit sich gebracht und den Begriff Gin gedehnt und manchmal überdehnt. Doch neben modernen und postmodernen Gins, die alle Grenzen überschreiten oder gar keine mehr kennen, gibt es – natürlich – auch Versuche, den durch und durch klassischen London Dry Gin noch einmal ein bisschen besser zu machen.

Destillateur Bruce Midgely, der in Südfrika geboren wurde, hat sich auf den Weiler Brentingby bei Melton Mowbray in die englische Provinz zurückgezogen und eine kupferne »Column Still« sowohl selbst entworfen als auch eigenhändig zusammengebaut. Der Name der Kupfergöttin: Ayanda, was auf Zulu so viel wie Steigerung oder Wachstum heißt. Mit dem handgefertigten Säulensystem brennt Midgely seit 2017 den kompromisslos klassischen Brentingby London Dry Gin. Er lernte nicht nur einst die Kunst der Gin-Destillation bei Tom Nichol, dem ehemaligen Hüter des Tanqueray London Dry Gin und Mastermind des No. Ten, sondern zog ihn auch bei der Feinjustierung des Brentingby zurate.

Der Brentingby duftet, wie sollte es anders sein, markant und äußerst angenehm nach Wacholder, umgarnt von Kräuter- und Gewürzanklängen. Pur, verdünnt und auf Eis werden die Gewürze konkreter: Pfeffer, Zimt, Muskat, Süßholz und Anis. Während er bis dahin einen würzig-wärmenden, erdig-wurzligen Eindruck hinterlässt, wird er im Mix mit Tonic unglaublich frisch, wofür man den Koriander und die frischen Grapefruits – die übrigens auch den Tanqueray No. Ten prägen – wird verantwortlich machen dürfen. Dazu gesellen sich subtile Kräutertöne und florale Noten, die ihm Tiefe geben. Der Brentingby ist noch ein Newcomer, aber schon ein Klassiker.

Brentingby Gin, Melton Mowbray, Leicestershire, England

20_ Brockmans Intensely Smooth Premium Gin

Die schwarze Romantik von Heidelbeeren und Brombeeren

Neil Everitt, Bob Fowkes und zwei Freunde hatten nur ein einziges Ziel – einen Gin wie kein anderer zu kreieren. Mit Wacholder aus der Toskana, Koriander aus Bulgarien, Engelwurz aus Belgien und Sachsen, Veilchenwurz aus Italien, Cassiazimt aus Südostasien, Süßholz aus China sowie Bittermandeln, Zitronen und Orangen aus Spanien stellten sie neun herkömmliche Botanicals zusammen, zum Gin »Like No Other« wird der Brockmans durch Heidelbeeren und Brombeeren aus Nordeuropa. Er wird seit 2008 in Greenall's Destillery unter Federführung von Master Distiller Joanne Moore gebrannt. Die bekannteste Brennerin im traditionell männerdominierten Destilliergewerbe zeichnet für Klassiker wie Greenall's oder den Thomas Dakin Gin sowie die Erfolgsgeschichten Opihr und Berkeley Square verantwortlich, hat aber mit dem floralen Bloom und dem romantischen Brockmans auch zwei ausgesprochen feminine Gins im Repertoire, die die Gin-Grenzen frohgemut austesten.

So viel zu den technischen Daten. Jetzt zur Romantik. Lassen wir rote Rosen regnen und die Pfade säumen. Und zwar in Form von Heidelbeeren und Brombeeren. Garniert mit viel englischer Poesie der Romantik – William Blake, Samuel Coleridge oder William Wordsworth – und einer ordentlichen Portion Wuthering Heights, ob von Emily Brontë oder Kate Bush. Die schwarzromantische Doppelbelichtung von Liebe und Tod, selten, wenn überhaupt, ohne erotische Untertöne, ist zweifelsohne die Idee des Brockmans. Die Beeren, überproportiert wie das Salz, das dem Verliebten ausgerutscht ist, malen tiefblutrot das Aromenbild. Sicherlich kein Gin für Freunde des Wacholders, sondern für blind Liebende, denen man bekanntlich alles nachsehen muss. Definitiv ein Gin wie kein anderer: Kitsch as Kitsch can!

Brockmans, Woking, Surrey/G & J Distillers, Warrington, Cheshire, England

Botanicals Wacholderbeeren, Koriandersamen, Angelika- und Veilchenwurzel, Cassiazimt, Süßholz, Mandeln, Zitronen- und Orangenschalen, Heidelbeeren, Brombeeren

21 Broker's Premium London Dry Gin

Swinging Koriander und charming Wacholder

Mit Schirm, Charme und Melone: Der Broker's bringt die »Swinging Sixties« unter einen Hut, pardon, Bowler. Ein Jahrzehnt, in dem die Beatles das hysterische Kreischen populär machten, Bruce Reynolds, Ronnie Biggs und Buster Edwards den Großen Postzugraub durchzogen, Mary Quant den Minirock neu erfand und Twiggy zum Gesicht einer Generation wurde. Das Jahrzehnt, in dem der »Coupe Jules Rimet«, die Trophäe der Fußballweltmeisterschaft, während einer Ausstellung in der Westminster Central Hall gestohlen und nach einer Woche von einem Hund namens Pickles in einem Londoner Vorgarten wiedergefunden wurde, woraufhin ihn die »Three Lions« erstmals – und bis auf Weiteres letztmals – gewannen.

Nicht im schwungvollen London, sondern in Langley Green, einem Viertel von Oldbury, einer Vorstadt Birminghams, wird der Broker auf Touren gebracht. Genauer gesagt in der Langley Distillery, der ginweltberühmten Wacholderschmiede, verantwortlich für zwei, drei Dutzend der besten Gins. In »Constance«, einem Kupferkessel aus dem Jahr 1917, werden die allesamt einschlägigen Botanicals vor dem fünften und finalen Brennvorgang 24 Stunden gebadet. Traditionelle Herstellung, herkömmliche Gewürze, alte Brennerei – und doch gehört der Broker's Gin zum Aufregendsten, was im Königreich von Juniperus Rex zu haben ist. Sein Schirm: würzig-pfeffriger und zugleich dezent-weicher Wacholder. Sein Charme: feinstes Schmirgelpapier aus Koriander. Seine Melone: der Hut auf dem Flaschenhals.

Seine Bestimmung: robustes Tonic Water, in dem sich seine Aromen glänzend entfalten und mit dem er, ganz und gar vorbildlich, ausgesprochen trocken reagiert. Weder parfümiert noch überwürzt oder kräutergrell, brilliert er mit ebenso selbstloser wie selbstbewusster Harmonie und klarer Linie. Mit einem Wort: der beste Broker überhaupt!

Broker's, Woking, Surrey/Langley Distillery, Oldbury, West Midlands, England

22 Brooklyn Gin

Die saftige Zitrusbombe aus dem Big Apple

Joe Santos aus New Jersey und Emil Jättne aus Schweden, ehemalige Bacardi-Marketer, hatten ein Projekt: einen ebenso hochklassigen wie marktgängigen Gin amerikanischer Machart – mit unwiderstehlich frischer Zitrusaromatik. In Ermangelung einer Brennerei taten sie sich mit der Warwick Valley Winery & Distillery zusammen. Nur ein paar Meilen nördlich des Big Apple wird seit Anfang der 1990er Jahre Cider gemacht, natürlich vor allem aus Äpfeln, aber auch mit Birnen, Pfirsichen oder Sauerkirschen. Seit 2001 werden dort zudem Obstbrände und andere Spirituosen destilliert – in der ersten Brennerei im Hudson Valley seit den Tagen der Prohibition.

Natürlich wird vor den Toren New Yorks auch Gin gemacht: Der brennereieigene Warwick Rustic American Dry Gin nennt sich selbst einfach, rustikal und ländlich. Der von Santos und Jättne beauftragte Brooklyn Gin ist in jeder Hinsicht das Gegenteil: komplex, opulent und großstädtisch. Seit 2010 wird er auf Basis von Mais-Alkohol gebrannt, der für eine gewisse buttrige, nussige Grundierung sorgt. Auf dieser Leinwand zeichnen fünf Zitrusfrüchte und sechs weitere Botanicals für die Aromen verantwortlich. Weil die Zitronen, Kumquats und Orangen nicht getrocknet, sondern frisch verwendet werden, ist der Brooklyn vollmundig fruchtig – in der Nase und pur haben die Zitronen die Nase vorne, während im Mix die orangen Früchte das Ruder übernehmen. Der Wacholder reiht sich in die Phalanx der Gewürze ein, die die Zitrusaromatik erst zum Tragen bringt. Blind würde man Zimt und vor allem Kardamom vermuten, die aber nicht auf der Liste stehen. Ein typischer US-Gin mit überbordender Zitrusprägung, den man fast eher in Kalifornien verorten würde.

Dem Vernehmen nach möchten Santos und Jättne übrigens nach wie vor eine eigene Brennerei in Brooklyn bauen, um den Brooklyn Gin zum echten Brooklyner Gin zu machen. Auf in den Big Apple, den Schmelztiegel aller Zitrus-Botanicals!

Warwick Valley Winery & Distillery, Warwick, New York, Vereinigte Staaten

Botanicals Wacholderbeeren, Koriandersamen, Angelika- und Veilchenwurzel, Kakaobohnen, Lavendel, Eureka-Zitrone, Persische Limette, Mexikanische Limette, Kumquat und Navelorange

23 — Cadenhead's Old Raj Dry Gin

Das Safranjuwel des britischen Empire

Um 1853 stieg William Cadenhead, der gerade von seinen Wanderjahren aus Liverpool nach Aberdeen zurückgekehrt war, in den Wein- und Spirituosenhandel seines Schwagers George Duncan ein. Nach dessen Tod übernahm Cadenhead die Geschäfte und führte den Betrieb in eine Ära des Erfolgs. Nicht nur als Kaufmann und Abfüller machte er sich einen Namen, sondern auch als produktiver Dichter, Zeitungsautor, der zu allen gesellschaftlichen Themen Stellung bezog, und politisch engagierter Bürger. Nach seinem Tod im Jahr 1904 setzte sein Neffe Robert W. Duthie auf Single Malt Scotch Whisky, der zum Markenzeichen von Cadenhead's wurde. Doch erstmals während der Großen Depression und endgültig in den 1960er Jahren geriet Schottlands ältester unabhängiger Abfüllbetrieb in schweres Fahrwasser und kenterte schließlich. Die Familie Mitchell, Eigentümer der Springbank Distillery in Campbeltown, berühmt für ihre Single Malts, ersteigerte das insolvente Unternehmen und brachte bald Cadenhead's Old Raj Dry Gin auf den Markt.

Für den Old Raj werden die Botanicals, bis auf Safran, 36 Stunden mazeriert und sodann gebrannt. Anschließend wird der Jetzt-schon-Gin mit Neutralalkohol, in den Safran gegeben wurde, gekreuzt, auf dass er blass strohfarben erstrahle. Mit rotem Schriftzug erklimmt er 46 Prozent, in der blauen Uniform klettert er auf imperiale 55 Prozent. An der indischen Navy Strength sollte man weder schnuppern noch sie pur provozieren, sie beißt garantiert aggressiv zu. Im Mix mit Tonic wendet sich das Blatt jedoch um 180 Grad, plötzlich ist der Old Raj vollendet anschmiegsam, weich und harmonisch. Die Bittere ist von ganz feiner Körnung, Zitrus- und Kräutertöne ergänzen sich fabelhaft, und eine federleichte Süße macht den Old Raj zum uneingeschränkten Herrscher über die Terrasse des Kolonialhauses.

Cadenhead's, Campbeltown, Argyll and Bute, Schottland

Botanicals Wacholderbeeren, Koriandersamen, Angelika- und Veilchenwurzel, Cassiazimt, Muskatnuss, Safran, Zitronen- und Orangenschalen

24__ Caorunn Small Batch Scottish Gin

Speyside-Gin mit Dessertapfel und Vogelbeeren

Die Speyside ist das Epizentrum des schottischen Whiskys. Rund 50 Brennereien, darunter Glenfiddich und Glenlivet, haben die Region entlang des Flusses Spey weltbekannt gemacht. Der Schwarzbrenner James MacGregor wurde dort einst auf frischer Tat ertappt und behördlich genötigt, eine Lizenz zu beantragen. 1824 eröffnete er dann auch offiziell die Balmenach Distillery, die bis 1897 in Familienbesitz blieb. Sechsmal wechselte sie seither den Eigentümer, und bevor Inver House Distillers 1997 übernahmen, standen die Kessel fast fünf Jahre still.

Nicht zuletzt weil ein guter Single Malt ein paar Jährchen braucht, bis er richtig lecker mundet, begannen die Whisky-Spezialisten 2009 in Gin zu machen. Destillateur Simon Buley schickt elf Botanicals ins Rennen, sechs traditionelle und fünf lokale, aus denen ein sehr schottischer Gin resultiert, dem man seine Whisky-Abstammung ob seines malzigen, vollen Körpers deutlich anmerkt.

Caorunn wird »Ka-roon« ausgesprochen, wobei es sich um das gälische Wort für »Rowan Berry«, die Vogelbeere, handelt, der damit eine Hauptrolle zugewiesen wird. Die Botanicals werden in der angeblich weltweit einzigartigen »Copper Berry Chamber« aus den 1920er Jahren nicht maze riert, sondern im Dampf extrahiert. Auffällig verhalten sich die Äpfel, die dem Caorunn einen deutlichen fruchtig-frischen Akzent verleihen. 1827 in Schottland angesiedelt, hat der »Coul Blush« einen blassblonden Teint, errötet aber in der Reife und soll ein guter Dessertapfel sein. Seine Aromatik übernimmt sozusagen die Stelle und Funktion, die ansonsten Zitrusschalen, die hier unauffällig bleiben, einnehmen. Sie wird kontrastiert von mild-bitterem Wacholder und den herben Kräutern des hohen Nordens. Ein unverwechselbarer Gin, der definitiv auf neuen Pfaden wandelt – nämlich dem Speyside Whisky Trail.

Inver House Distillers / Balmenach Distillery, Cromdale, Highland, Schottland

Botanicals Wacholderbeeren, Koriandersamen, Angelikawurzel, Cassiazimt, Löwenzahn, Erika, Gagelstrauch, Vogelbeeren, Coul Blush (Äpfel), Zitronen, Orangen

25 __ Cherry Gin

Ein Lottogewinn, viele Maraska-Kirschen
und eine charmante Gin-Boutique

Dass Erwin Lindemann mit seinem Lottogewinn »in Wuppertal eine Herrenboutique« zu eröffnen beabsichtigt, ist seit Loriots Sketch aus dem Jahr 1976 bekannt. Dass es boutique-ige Gins gibt, ist im Kern eine neuere Entwicklung. Die Craft- und Small-Batch-Gins der Wacholder-Renaissance bestehen auf den und basieren auf dem Unterschied zwischen industriell-mittelmäßigen und handwerklich-hochqualitativen Gins. Während Erstere sich vorwiegend in Supermärkten verdingen, gehen Letztere zumeist in kleineren Läden, die irgendwie anders sein wollen, über den Tresen. That Boutique-y Gin Company, wie Ableforth's eine Tochter von Masters of Malt/Atom Brands, hat sich boutique-igen Nischen-Gins verschrieben.

Für den boutique-igen Charme zeichnet die Illustratorin Grace Ward verantwortlich, deren Comic-Etiketten zwischen Naivität und Ironie schwanken. Die zahllosen Boutique-y-Gins stammen nicht alle aus eigener Produktion, sondern sind Kollaborationen mit Kyrö, Hernö, Cotswolds, East London oder FEW – *to name just a few*. A bisserl verrückt sind sie allesamt: Die Botanicals des Moonshot Gins werden – ohne jeden Zweifel! – in die Stratosphäre geschossen; der Dead King basiert auf Aromen, wie sie bei der Einbalsamierung von Pharaonen in der Luft hingen. Und Gins mit gegrillter Ananas, kaltem Kaffee oder Erdbeeren mit Balsamico sorgen für Geschmacksexplosionen von einzigartigem Reiz.

Der Cherry Gin ist kein Sloe Gin – mit Maraska-Kirschen anstelle von Schlehenbeeren –, kein Likör, sondern ein Frucht-Gin mit Kirsch-Infusion. Und die hat es in sich: Neben Frucht und Säure bringt sie eine intensive Kirschkernbittere mit sich, vergleichbar mit jener der Mandeln, während die weihnachtlichen Gewürze und Orangen das Ihre tun. Erwin Lindemann sollte unbedingt eine Gin-Boutique eröffnen, ob in Wuppertal oder Barmen-Elberfeld.

That Boutique-y Gin Company/Atom Brands, Royal Tunbridge Wells, Kent, England

Botanicals Wacholderbeeren, Zimt, Gewürznelken, Vanille, Orangen, Maraska-Kirschen und weitere Geheimzutaten

26 Christopher Wren Gin

Der große Brand von London und ein großer Brand aus London

Sir Christopher Wren (1632–1722) gehörte zu den zwölf Gründungsmitgliedern der Royal Society und war zeitweise Präsident der britischen Gelehrtengesellschaft. Nach dem »Großen Brand von London«, der 1666 circa 13.200 Häuser und 87 Kirchen verzehrte und vier Fünftel der Stadt dem Erdboden gleichmachte, wurde Wren zum königlichen Generalarchitekten ernannt und mit dem Wiederaufbau betraut. Als sein Meisterwerk gilt der Neubau der vom Feuer ebenfalls völlig zerstörten St Paul's Cathedral zwischen 1675 und 1708.

Weihnachten 2012 gründete Jonathan Clark in seiner Bar im Herzen Londons die City of London Distillery – kurz COLD. Hinter Hochsicherheitsglas stehen »Jennifer«, »Clarissa« und »Elizabeth«, drei moderne Carter-Head-Stills, wie sie auch beim Bombay Sapphire oder Hendrick's zum Einsatz kommen. Fünf Gins werden dort gebrannt, deren Flaschendesign der Kuppel der St Paul's Cathedral nachempfunden ist. Für den Christopher Wren Gin konnte Clark Tom Nichol gewinnen, den ehemaligen Chefdestillateur von Tanqueray und Schöpfer des genialen No. Ten.

Christopher Wren hatte sich architektonisch dem französischen Klassizismus verschrieben, und folgerichtig hat Tom Nichol mit dem Christopher Wren einen durch und durch klassischen, freilich englischen Gin kreiert. Nur fünf Botanicals, allesamt einschlägig, werden in der Carter-Head extrahiert und ergeben eine runde Würze, wie sie harmonischer und wohltemperierter nicht sein könnte. Wacholder, Koriander und Angelika sind von geübter Meisterhand perfekt rationiert, Süßholz und Orangen harmonieren prächtig, driften nicht in süße Gefilde, sondern bleiben frisch und verleihen dem Gin zugleich Tiefe und Komplexität. Zwar sind gute klassische London Dry Gins Legion, aber mit dem Christopher Wren spielt COLD zweifelsohne in der ginweltweiten Spitzenklasse mit.

City of London Distillery, London, England

Botanicals Wacholderbeeren, Koriandersamen, Angelikawurzel, Süßholz, frische Orangenschalen

27__Citadelle Gin

*Die Eroberung Englands von einer französischen
Küstenfestung aus*

Als Wilhelm III. von Oranien-Nassau 1689 den englischen Thron
bestieg, begann ein neues Kapitel der traditionellen Feindschaft mit
Frankreich. Zügig erließ er ein Einfuhrverbot für französische Waren, auch für den beliebten Brandy, und begünstigte mit dem Distilling Act von 1690 zugleich heimische Spirituosen. In der Folge
wurde der englische Markt mit unglaublich billigem, weil steuer-
freiem Gin überschwemmt, und es kam in der ersten Hälfte des
18. Jahrhunderts zur »Gin Craze« – mit einem Bevölkerungsrück-
gang durch zu viel Gin, moralischer Verrohung und sozialen Ver-
werfungen. Fünf »Gin Acts« zwischen 1729 und 1751 dämmten die
Epidemie schließlich ein, und in der Folge war nicht nur guter Gin
teuer.

1775 gründeten zwei französische Geschäftsmänner namens Car-
peau und Stival eine Destillerie in der Zitadelle von Dunkerque. Da
in England auch schlechter Gin teuer war, entwickelte sich von der
Küstenfestung aus ein reghafter Schmuggel über den Ärmelkanal –
mit Billigung der französischen Behörden. Solange die englischen
Schmuggler unbewaffnet waren, die Schiffsbesatzung nicht mehr als
15 Mann betrug und nur der Kapitän und der Erste Offizier an Land
gingen, ließen die Franzosen den Gin- beziehungsweise Genever-
Schmuggel im großen Stil zu.

Alexandre Gabriel von Cognac Pierre Ferrand griff die Räuber-
pistole von der alten Brennerei und der noch älteren Zitadelle auf.
Nicht von der Nordseeküste, sondern aus dem französischen Südwesten, aus Ars bei Cognac, stammt der Citadelle Gin. Er hat neben
dem obligatorischen Wacholder 18 Botanicals im Schlepptau, keines
wirklich außergewöhnlich, keines dominant – vielmehr ist es die viel-
stimmige Symphonie der verschiedenen Gewürznoten, die hier die
Musik macht. Kein bisschen parfumig oder überladen, ist der Citadelle ein würziges Vergnügen der angenehmsten Art.

Maison Ferrand, Cognac, Nouvelle-Aquitaine, Frankreich

28__Clouds Gin

Salbei und Kirsch über den Wolken Zürichs

2018 feierte die Humbel Spezialitätenbrennerei ihr hundertjähriges Bestehen. Max Humbel ließ 1918 einen imposanten Hochkamin für seine Brennstätte bauen, der zum weithin sichtbaren Wahrzeichen des Dörfchens Stetten wurde – und längst Störchen zum Nisten dient. Sein Bure Kirsch wird bis heute erfolgreich mit dem Originaletikett verkauft. 1961 gab der »Kirschbrenner aus Leidenschaft« das Zepter weiter an Maximilian und Louis, 1991 ging es in dritter Generation an Lorenz und Beat, die die Produktion nach und nach auf Bio-Qualität umstellten und mit Vorliebe sortenreine Kirschwasser brennen – um die speziellen Vorzüge einer Kirschart aromatisch zu konturieren.

Seit 2011 ist der Prime Tower im Escher-Wyss-Quartier an der Limmat der gläserne Leuchtturm Zürichs. Mit 36 Stockwerken und 126 Metern war er sogar das höchste Haus der Schweiz, bis der Roche-Turm in Basel ab 2015 noch vorwitziger in die Wolken ragte. In den Stockwerken 35 und 36, über den Wolken, findet man das »Clouds«, eine Bar mit überwältigender Fernsicht über die Stadt, den Zürichsee, den Uetliberg und bis in die Alpen.

Der Manager des »Clouds«, Andreas Kloke, wollte einen Gin als Hausspirituose und wandte sich vertrauensvoll an Lorenz Humbel. Dem einen schwebten Kräuter vor, der andere konnte von seinen Kirschen nicht lassen, und so einigten sie sich auf die Kombination von Thymian und Salbei mit Kirschbrand. Die Botanicals werden einzeln mazeriert und gebrannt, die Destillate, darunter Humbel Kirsch, anschließend vermählt.

Der Clouds mundet schon pur prächtig, mit seiner ins Kirschige gewendeten Zitrone und kratzbürstigem Salbei. Mit Tonic drängen die fruchtigen Kirschnoten übermächtig in den Vordergrund, prächtig grundiert und arrondiert durch herbe Orangen, herrlich aufgefangen von den würzig-bitteren Aromen der Kräuter und Gewürze – ein ebenso origineller wie brillanter Eid*gin*nosse.

Humbel Spezialitätenbrennerei, Stetten, Kanton Aargau, Schweiz

Botanicals Wacholderbeeren, Koriandersamen, Thymian, Salbei, Orangen- und Zitronenschalen, Kirschen

29__ The Clumsies Old Tom Gin

Wie Zeus zu seinem Götternektar kam

»The Clumsies« ist eine Bar in Athen, die sich über drei Stockwerke erstreckt. Morgens kann man hier mit Kaffee aufwachen, tagsüber essen und sich bis in den frühen Morgen mit Cocktails versorgen. Kamin und Bücherregal, Billardtisch und Schallplatten sorgen für eine gemütliche Wohnzimmeratmosphäre. Die Barkeeper Nikos Bakoulis und Vasilis Kyritsis fanden mitten in der griechischen Depression drei Geldgeber und öffneten 2014 die Tore. Seinen Charme verdankt »The Clumsies« nicht zuletzt dem »Konzept perfekter Unvollkommenheit«. Das Rezept: »Viele 'Ups!'. Eine ordentliche Portion Lieblingsfehler. Großzügig mit dem Shaker kleckern, quer über die Bar und – natürlich – auf die Kleidung der Gäste.« Die »Clumsies«, das sind übersetzt die unbeholfenen, ungeschickten Tollpatsche. Tatsächlich ist »The Clumsies« selbstredend jedoch ein Ort makelloser Perfektion – nicht ohne Grund zählt die Bar zu den hippsten rund um den Globus.

The Clumsies Old Tom wird in der Destillerie Callicounis gebrannt. 1850 im messenischen Kalamata von George Callicounis gegründet, gehört sie zu den ältesten Brennereien Griechenlands und ist seit mehr als anderthalb Jahrhunderten in Familienbesitz. Und eins können sie bei Callicounis: brennen. Der tollpatschige Tom gehört zum Perfektesten, was die notwendig unvollkommene Wacholderwelt zu bieten hat. Seine extreme Öligkeit und seine Aromatik erinnern in der Tat ein wenig an besten Ouzo, und er ist schon pur reinster Götternektar. Feinherber Wacholder und zitronigster Koriander, verführerisches Süßholz und süßeste Bitterorangen mäandern in endlosen Aromaspiralen, und die delikateste Süße, seit Old Tom das Licht der Welt erblickte, tut das Ihre. Von hier geht es auf Kardamom-Wolken ohne weiteren Zwischenstopp direkt in den Gin-Olymp. Beim Zeus: Der Gott des Wacholders ist Grieche!

N. G. Callicounis, Kalamata, Peloponnes, Griechenland

Botanicals Wacholderbeeren, Koriandersamen, Angelikawurzel, Kardamom, Muskatnuss, Süßholz, Rosmarin, Kamille, Bitterorangenschalen

30__Copperhead London Dry Gin

Heilsamer Trank, durch Zufall entdeckt

Yvan Vindevogel sagt von sich, er sei lange Jahre Apotheker gewesen. Das mag stimmen, doch der Kopf hinter Copperhead hantiert eher selten mit braunen Fläschchen, Mörser, Stößel und Spatel. Ebenso selten dreht er Pillen, rührt Salben oder mischt Pulver. Er ist vielmehr einer der umtriebigsten Unternehmer der belgischen Pharmaindustrie. 1987 gründete er mit Marc Coucke Omega Pharma, das 2014 für bescheidene 3,6 Milliarden Euro über die Theke ging. Sein neuester Clou ist die Damier Group, spezialisiert auf Investments im Gesundheitssektor.

Der Copperhead bezeichnet sich selbst als der Gin des Alchemisten, womit niemand anders als Vindevogel gemeint sein dürfte. Eines Tages stöberte er in alten heilkundlichen Schriften, stieß zum einen auf die Kunst der Alchemie, zum anderen auf Berichte über medizinische Wirkungen von Wacholder und Co. »Consolans potio fortuna inventa«, steht rund um den Äskulapstab, der das Etikett des Copperhead ziert, was so viel heißt wie »Heilsamer Trank, durch Zufall entdeckt«. Der Alchemist, stets auf der Suche nach dem Elixier des Lebens, findet den London Dry Gin. Es ist nicht alles Gold, was glänzt – aber doch immerhin Kupfer.

Der Copperhead gibt sich minimalistisch – mit nur fünf klassischen Botanicals. Goldmacher, nein, Kupferstecher Vindevogel verwandelt die wohlbekannten Zutaten in etwas Neues, nicht Wacholder-Alltägliches. Der Kupferkopf hat ätherische Kräuter in der Nase, auf der Zunge drängt der Wacholder nach vorne. Er ist ein wenig klebrig, ohne wirklich süß zu sein, deutlich harzig, mit starken Bittertönen. Seine Aromatik ist mit einem Wort: medizinisch. Ein zugleich alchemistischer und pharmazeutischer Trunk, für den – wie üblich – gilt: »Zu Risiken und Nebenwirkungen lesen Sie die Packungsbeilage und fragen Sie Ihren Arzt oder Apotheker.«

Copperhead, Menen, Westflandern/Graanstokerij Filliers, Deinze, Osflandern, Belgien

Botanicals Wacholderbeeren, Koriandersamen, Angelikawurzel, Kardamom,
Orangenschalen

31 Cotswolds Dry Gin

Gin von außerordentlicher natürlicher Schönheit

Insgesamt 46 »Areas of Outstanding Natural Beauty« (Gebiete von außerordentlicher natürlicher Schönheit) wurden seit 1956 in England, Wales und Nordirland unter besonderen Schutz gestellt. Die größte dieser Regionen sind die Cotswolds – pittoresker, romantischer und grüner ist England nirgendwo. Das Einzige, was der Idylle fehlte, war eine Brennerei – bis im Juli 2014, nur ein paar Meilen südlich von Stratford-upon-Avon, William Shakespeares Geburts- und Sterbeort, die Cotswold Distillery erstmals die Kessel heizte. Und zwar mit transkontinentaler Besetzung: Gründer Daniel Szor stammt aus New York und verliebte sich in die Cotswolds, als er in der City of London arbeitete; Chefstratege Paul Beckwith, gebürtiger Australier, fand über die Schweiz und Oxford hierher; und Head Distiller Nickolas Franchino, mit italienischen Wurzeln, lernte Szor beim Brennseminar in Schottland kennen.

Der Cotswolds Dry Gin ist ein London Dry Gin reinsten Wassers: Wacholder, Koriander und Angelika werden in einer 500-Liter-Destille von Arnold Holstein über Nacht mazeriert, dann die weiteren Zutaten zugegeben. Nach eigenen Angaben verwendet Cotswold rund die zehnfache Menge Botanicals wie durchschnittlich üblich, darunter die Schalen frischer Grapefruits und Limetten. Daraus ergibt sich eine hohe Konzentration ätherischer Öle, die nicht gefiltert werden; zudem wird das Destillat nicht mit Neutralalkohol verschnitten (das sogenannte Single-Shot-Verfahren). Der Cotswolds ist deshalb extrem geschmackvoll, ein Aromenkonzentrat ohne alle Missklänge; ein durch und durch klassischer Gin mit harzigem Wacholder, erfrischender Grapefruit, einem äußerst würzigen Rückgrat und einem Hauch bittersüßer Kräuter und Blüten. Der Clou ist freilich das betörende Fruchtaroma, das grazil zwischen säuerlicher Quitte, milder Birne und feinherber Mandarine pendelt. Gin oder Nicht-Gin, das ist hier keine Frage – der Cotswolds ist zweifelsohne ein moderner Klassiker.

The Cotswold Distillery, Shipston-on-Stour, Warwickshire, England

Botanicals Wacholderbeeren, Koriandersamen, Angelikawurzel, Kardamom, schwarzer Pfeffer, Lavendel, Lorbeerblätter, Grapefruits, Limetten

32 Cuckoo Gin

Der Gin, der aus dem Kuckucksnest floh

Mit dem ersten Ruf des Kuckucks, so glaubte man einst in Brindle, beginne das Frühjahr und das Land erblühe. Wie schön, dachten ein paar schlaue Bürger und ersannen einen raffinierten Plan. Auf dass er das ganze Jahr vor ihrer Haustür singe, gutes Wetter und reiche Ernte bringe, wollten sie ihn einsperren. Gesagt, getan. Sie zogen eine Mauer um ihn hoch, doch der Kuckuck, der untreue Gesell, schwang die Flügel, hob ab und entschwand nach oben, in die blauen Lüfte. Ein echter Schildbürgerstreich, und tatsächlich stammt die Geschichte, wie der Cuckoo Gin zu seinem Namen kam, aus den Erzählungen über die Narren von Gotham, dem englischen Pendant der deutschen Schildbürgerstreiche. Bis heute hält sich übrigens das Gerücht, hätten sie nur zwei Steine höher gemauert, der Kuckuck wäre nicht entkommen. Oder drei. Oder vier …

Der Kuckucksgin ist alles andere als ein kuckucksgebrannter Gin. Vielmehr machen die Singletons auf ihrer Farm (fast) alles selbst, und folglich dauert der Prozess von der Maische bis zum Gin eine geschlagene Woche. Gerard Singleton hatte 2016 die Cotswold Distillery besucht und war sofort Feuer und Flamme für die Idee, von der Kornaussaat bis zur Versiegelung des Korkens alles auf der Holmes Farm zu machen. Gesagt, getan: Im Juni 2017 präsentierten die Singletons den Cuckoo, der sich nahtlos in die Reihe der grandiosen englischen Farm-Gins von Ramsbury über Warner Edwards bis Williams Chase einreiht.

Für den Cuckoo werden die Botanicals per Dampfinfusion im Geistkorb extrahiert. Sie stimmen einen wunderbar vielstimmigen Kanon an, keines bleibt stumm, alle singen mit, und so entsteht magisch eine ebenso ländliche wie überirdische Fruchtigkeit irgendwo zwischen Birne, Quitte und Mirabelle. Ein Bett von buttrigem Hafertoast, eine Haube von cremigem Mandelparfait und ein Herz von süßholzgeraspelter Kamille machen den Cuckoo zum begnadeten nordenglischen Kuckuckslandei.

Brindle Distillery, Brindle, Lancashire, England

Botanicals Wacholderbeeren, Koriandersamen, Angelika- und Veilchenwurzel, Kardamom, Süßholz, Mandeln, Cassiazimt, Zimt, Haferflocken, Kamille, Orangen-, Grapefruit- und Zitronenschalen

33 Dactari Original German Gin – I dream of Gini

Ein traumhafter Dschinn aus den Walnuss-Steppen Dactaris

Vor übermäßigem Fernsehkonsum wird ja regelmäßig gewarnt. Er schade von klein auf dem Konzentrationsvermögen, begünstige Übergewicht und die Neigung zu Aggression. Und das ist, wenn es hochkommt, nur die Spitze des Eisbergs. In ganz schlimmen Fällen kann das Glotzen in die Glotze erheblich schwerwiegendere Folgen haben: beispielsweise, dass ein Gin nicht nur nach einer, sondern nach gleich zwei US-Fernsehserien der 1960er Jahre benannt wird.

Tim Hippmann und Anne Stilper vertreiben unter der Marke »Dactari Fine Nature Products« nicht nur, aber auch Wodka und Gin. »Daktari« war eine TV-Serie (1966–1969) um die Wameru-Tierstation irgendwo in Afrika, die Hauptrollen: Tierarzt Marsh Tracy, der schielende Löwe Clarence und die Schimpansendame Judy. Der Original German Gin trägt den Untertitel »I Dream of Gini«, ein unzweifelhafter Bezug auf die »Bezaubernde Jeannie« (»I Dream of Jeannie«, 1965–1970), den von Barbara Eden zauberhaft verkörperten Flaschengeist – oder: Dschinn –, der Captain Tony Nelson (Larry Hagman) mit seinen magischen Kräften auf Trab hält.

Der telegenste aller Gins, pardon: Dschinns, wurde am Chiemsee, lies: Ginsee, wo Hippmann und Stilper ihre Agentur betreiben, ausgeheckt, zum Leben erweckt wird er allerdings in der rheinhessischen Destillerie Deheck. In einer Basis aus Getreide- und Weindestillat werden die teils verschwiegenen, teils unklar benannten Botanicals mazeriert, darunter ein Walnuss-Destillat und ein mediterraner Kräuterstrauß. Der Dactari ist wacholdergedrosselt, den Ton geben die separat destillierten Walnüsse an, deren erdige, holzige, süßlich-feinbittere Noten prächtig mit frischem Zitrus auf der einen und kräftigen Klosterkräutern auf der anderen Seite harmonieren.

Dactari Fine Nature Products, Prien, Bayern / Destillerie Deheck, Gau-Odernheim, Rheinland-Pfalz, Deutschland

34__Death's Door Gin

Drei unerschrockene Botanicals an der Tür des Todes

Im Nordosten des Lake Michigan, eines der fünf Großen Seen, trennt die Door-Halbinsel die Green Bay vom Hauptsee ab. Vor ihrer Spitze liegt Washington Island, und in der schmalen Passage zwischen Halbinsel und Insel spielte sich, vermutlich Mitte des 17. Jahrhunderts, ein Drama ab: Zwei Indianerstämme kämpften um das Gebiet, die Potawatomi zogen sich auf Washington Island zurück, die Winnebago rückten auf die Landzunge vor. Mit dem Rücken zur Wand ersannen die Potawatomi eine List, die allerdings aufflog, und nun wurden sie in die Falle gelockt und in die ewigen Jagdgründe geschickt. In stürmischer See setzten die Winnebago nach, um auch die zurückgebliebenen Potawatomi auf Washington Island zu überwältigen, zerschellten jedoch in stürmischer See an den Klippen und wurden nie wieder gesehen. Seither heißt die Passage Death's Door.

Bis heute ist Death's Door ein schier unüberwindliches Hindernis. Gerade einmal 660 Einwohner verlieren sich auf dem Eiland. Im Rahmen eines landwirtschaftlichen Entwicklungsprogramms versuchte man ab 2005, roten Winterweizen anzubauen – mit Erfolg. Brian Ellison hatte eine Idee, was man daraus machen könnte, und gründete Death's Door Spirits.

Aus Winterweizen, Gerstenmalz und Mais brennt Ellison fernab der tödlichen Klippen im beschaulichen Dane County Death's Door Vodka, der mit viel Vanille, mildem Pfeffer und malzigen Röstaromen aufwartet. Zu Death's Door Gin wird er durch nur drei Botanicals: wilder Wacholder von Washington Island *(Juniperus virginiana)*, Fenchel und Koriander, ebenfalls aus Wisconsin. Anis, Pfeffer und Kardamom, Zimt, Vanille und Orange sind die Zwischen- und Nebentöne, die das Trio hervorbringt. Das Aromenspiel glänzt mit fein-bitteren, mild-würzigen und herb-nussigen, mit samtigen, cremigen und balsamischen Noten und macht den scheinbar einfachen Death's Door zu einem verblüffend vielstimmigen Gin.

Death's Door Spirits, Middleton, Wisconsin, Vereinigte Staaten

35 Dictador Colombian Aged Gin Treasure

Die Zuckerrohrdiktatur im Eichenfass –
und 'ne Buddel voll Rum

1499 landeten erstmals europäische Seefahrer in dem Land, das später nach Christoph Kolumbus benannt wurde. 1533 gründeten die Spanier an der Karibikküste Cartagena de Indias, den wichtigsten Hafen für den transatlantischen Handel. Ende des 18. Jahrhunderts kam Severo Arango y Ferro dorthin, um die kolonialen Steuern einzutreiben. Mit harter Hand setzte er die Spielregeln des spanischen Königshauses durch und wurde bald kurz und bündig »Dictador« genannt. Er erkannte den Wert von Zuckerrohr, fand Gefallen an Rum und förderte den Export in die Alte Welt.

1913 gründete Julio Arango y Parra, ein Nachfahre des »Dictadors«, die Destilería Colombiana, die zu einer der wichtigsten und bekanntesten Rum-Schmieden wurde. Stammhalter Dario Parra entdeckte seine Liebe zum Gin auf Handelsreisen über den Großen Teich und entwickelte einen typisch kolumbianischen Gin – den weißen Ortodoxy, auf den später der schwarze Treasure folgte. Farblich bestens unterscheidbar, haben sie viel gemein: Erstens wird der Basisalkohol aus Zuckerrohr gewonnen. Zweitens werden die Botanicals grandios unscharf angegeben: Beeren, Kräuter, Schalen, Wurzeln und Gewürze sind drin. Drittens werden ebenjene separat destilliert und dann verblendet. Und viertens werden beide Gins in Rumfässern gereift – der schwarze Treasure für 35 Wochen.

Limón Mandarino, eine Kreuzung zwischen Zitrone und Mandarine, besser bekannt als Rangpur-Limette, ist die Schlüsselzutat, die den Treasure sowohl durch zitrische Schärfe als auch fruchtige Süße prägt. Mindestens ebenso stark trägt auf der anderen Seite die Fasslagerung zur Aromatik bei: Der hell honigfarbene Treasure hat viel Rum geatmet, ist von Eichenholz durchdrungen, hat Tannine, Kork-, Räucher- und Röstaromen satt – 'ne pralle Buddel voll Gin.

Destilería Colombiana, Cartagena de Indias, Departamento de Bolívar, Kolumbien

36 Dodd's Gin

Themsetunnel, Südseeschwindel und Gewürzherz

Ralph Dodd war einer der brillantesten Ingenieure zu Zeiten der industriellen Revolution. Er entwarf Tunnel, Wasserwerke, Kanäle, Brücken und Häfen – und war ein Visionär vernetzter Verkehrssysteme: Früh erkannte er, dass die Verkehrsadern des Industriezeitalters aufeinander abgestimmt und an die im Entstehen begriffene Eisenbahn angeschlossen werden mussten. Sein kühnstes Projekt war der Bau des ersten Tunnels unterhalb der Themse, mit dem er zwischen 1798 und 1802 allerdings scheiterte. Mit den Grabungen für den ersten realisierten Themsetunnel wurde 1825, drei Jahre nach Dodds Tod, unter der Regie von Marc Isambard Brunel begonnen, die Eröffnung fand 1843 statt.

Und auch Dodds Traum vom eigenen Gin platzte: 1807 gab der Tausendsassa 2.000 Aktien à 50 Pfund aus, um die London Distillery Company zu finanzieren. Kurz bevor sie den Betrieb aufnehmen konnte, wurde er vor Gericht schuldig gesprochen, gegen den Bubble Act verstoßen zu haben – ein Gesetz, das nach dem Südseeschwindel von 1720 erlassen worden war, als eine Investitionsblase der South Sea Company geplatzt war und auf der britischen Insel zu einer Rezession geführt hatte.

205 Jahre nach Dodds Fehlschlag gründete Nick Taylor im Herzen Londons The London Distillery Company. Für Dodd's Gin teilt er die Botanicals in zwei Gruppen, mazeriert und destilliert sie separat: in der Kupferdestille »Christina« und dem Rotationsverdampfer »Little Albion«. Der vermählte und gereifte Dodd's ist eine der delikatesten Versuchungen seit Erfindung des Wacholders. Er duftet cremig-weich und betört mit samtenen Gewürzen – ein sensationelles Zusammenspiel von Vanille und Zimt auf der einen, Kardamom und Pfeffer auf der anderen Seite. Sein überwältigend vollmundiges, harmonisches Gewürzherz wird zurückhaltend, aber entschieden von Wacholder und Limetten getragen und von delikatem Honig geadelt – ein aromatisches Kunstwerk erlesenster Güte.

The London Distillery Company, London, England

Botanicals Wacholderbeeren, Angelikawurzel, Grüner und Schwarzer Kardamom, Lorbeer- und Himbeerblätter, Honig, Limettenschalen

37 The Duke
Munich Dry Gin

Hopfen und Malz, Juniperus Rex erhalt's!

»The Duke«, das ist – wie sollte es auch anders sein – der Herzog. Und zwar nicht irgendein Herzog, sondern Heinrich der Löwe. Der Welfe wurde 1142 Herzog von Sachsen, 1156 auch von Bayern – nicht zuletzt weil er 1152 seinem Vetter Friedrich Barbarossa auf den Königsthron verholfen hatte. Umgehend ließ der machtbewusste Löwe die bischöfliche Brücke zwischen Unter- und Oberföhring einreißen und eine neue auf Höhe der heutigen Ludwigsbrücke bauen, um den lukrativen Salzhandel unter seine Kontrolle zu bringen. An der neuen Salzstraße sprossen die Häuser aus dem Boden, die Siedlung Munichen wuchs und wuchs – und heißt heute München.

Ein klarer Fall für die Geschichtswissenschaft! Und tatsächlich taten sich die beiden Historiker Maximilian Schauerte und Daniel Schönecker 2007 zusammen und gründeten The Duke Destillerie. Zunächst in einem Hinterhof der Münchner Maxvorstadt brannten sie den Duke, zehn Jahre später waren die Räume längst zu eng, und der herzögliche Gin zog in eine ehemalige Kartoffelschnapsbrennerei in Aschheim um. Dort füllt Brennmeister Marcelo Fernandes 13 Botanicals in die Kupferdestille, alle bio: Wacholderbeeren aus dem Apennin, neun einschlägige, zwei unbekannte und – für den bayerischen Zungenschlag – Gerstenmalz und Hopfenblüten. Der Duke ist angenehm harmonisch, würzig und mild zugleich, kann pur genossen werden, macht sich aber am besten mit Tonic und einigen Orangenzesten.

In jüngerer Zeit hat der Duke Zuwachs bekommen: zum einen durch die Wanderlust-Variante, geprägt von Edelweiß, blauer Kornblume, Klatschmohn, Arnika- und Rosenblüten, Himbeeren und Kakaobohnen; zum anderen durch The Duke Rough, der sich völlig auf Juniperus Rex konzentriert. In allen drei Dukes fehlen freilich die beiden Signature-Botanicals nicht: Hopfen und Malz, Gott erhalt's!

The Duke Destillerie, Aschheim bei München, Bayern, Deutschland

Botanicals Wacholder, Koriandersamen, Angelikawurzel, Ingwer, Lavendel, Kubeben-pfeffer, Zimt, Hopfenblüten, Gerstenmalz, Orangenblüten, Zitronenschalen und zwei Geheimzutaten

38 Dutch Courage Dry Gin

Ohne Mut kein Gin, ohne Vanille-Sprenkel
keine Wacholder-Crema

In Holland verbreitete sich Mitte des 16. Jahrhunderts der Brauch, Kornbrände mit Wacholder zu aromatisieren – die Geburtsstunde des Genevers. 1618 brach der Dreißigjährige Krieg aus, 1621 flammte auch der Spanisch-Niederländische Krieg wieder auf, und bald brannte ganz Europa lichterloh. Als sie gegen niederländische Truppen in den Kampf zogen, lernten die Engländer bald das Fürchten kennen. Der Mut der Holländer flößte ihnen gewaltig Respekt ein und ging als »Dutch Courage« in den englischen Sprachschatz ein. Schnell machte das Gerücht die Runde, die Niederländer tränken sich den Kampfesmut mit Genever an. Nicht schlecht, dachten die Engländer, nahmen den Wacholderschnaps mit auf die Insel, schraubten ein bisschen an der Herstellungsweise und verkürzten den Namen zu Gin.

Das Städtchen Baarle »zwischen« Belgien und den Niederlanden hat die wohl komplizierteste Grenzziehung Europas. Jahrzehntelang hatten verfeindete Adelige erbittert um die Siedlung gestritten, bis Godfried II. van Schoten und Herzog Heinrich I. von Brabant anno 1198 einen komplizierten Frieden schlossen, der Baarle zum Flickenteppich machte. Noch heute mischen sich ins holländische Baarle-Nassau die 24 Sprenkel des belgischen Baarle-Hertog, und die Grenze verläuft nicht selten mitten durchs Wohnzimmer.

Fred van Zuidam gründete 1975 im nassauischen Baarle seine Destillerie, Ehefrau Helene designte die Flaschen und Etiketten, und längst haben die Söhne Patrick und Gilbert das Tagesgeschäft übernommen. Für den Dutch Courage werden die Botanicals separat gebrannt und zusammengeführt. Vanille gibt den Ton an und steuert eine cremig-weiche Grundstimmung bei, während Koriander, Kardamom und Süßholz für die massive Würze, Wacholder für die kiefernnadelige Bittere und ganze Zitronen für die nötige Frische sorgen.

Zuidam Distillers, Baarle-Nassau, Nordbrabant, Niederlande

Botanicals Wacholderbeeren, Koriandersamen, Angelika- und Veilchenwurzel, Kardamom, Süßholz, Vanille, Orangen- und Zitronenschalen

39   East London Dry Gin

Kopfstehende Pferde, totgerittene Gäule und
eukalyptische Reiter

Alex Wolpert war schon lange in der Gastronomie und Spirituosenindustrie tätig, als er 2012 den Entschluss fasste, eine handwerk-
liche, hochqualitative Destillerie zu betreiben. Er baute einen alten
Pub in Bow Wharf, auf dem Gelände der ehemaligen Leimfabrik,
unmittelbar am Victoria Park, zur Brennerei um – das kopfstehende Pferd auf den Etiketten soll ein Hinweis auf die ehemalige Knei-
pe sein. Mit Jamie Baxter, einem Spezialisten für den Aufbau von
Brennereien und die Entwicklung von Spirituosen, tüftelte Wolpert
an seiner Wacholderpartitur, bis Mitte 2014 die erste Charge East
London Dry Gin über den Tresen ging.

Der Gin vom Londoner East End wird von Head Distiller Tom
Hills in einem 450-Liter-Kupferkessel von Arnold Holstein auf Basis von Weizenalkohol mit einschlägigen Botanicals gebrannt – ganz
klassisch als London Dry Gin. So weit, so gut. Klingt langweilig?
Ein konventioneller Gin ohne alle Besonderheiten? Ein totgerit-
tener Gaul? Kann endlich abgesattelt werden und zum Abdecker?

Nein, bloß nicht, denn der East London Dry Gin ist ein echtes Meisterwerk. Und das, obwohl – oder gerade weil – er ganz
ohne Mazeration gebrannt wird. Die Botanicals werden vielmehr
sowohl zum Schwimmen in den Alkohol geschickt als auch in
den Geistkorb beordert, um im aufsteigenden Dampf auszulau-
gen, und es wird sofort angeheizt. Das Resultat gehört zu den in-
tensivsten und tiefgründigsten Wacholdererfahrungen. Schon in
den Nüstern erntet man einen ganzen harzigen Nadelwald und
pfeffrigen Eukalyptussturm, und das setzt sich bruchlos auf der
Zunge fort. Tannenzapfen, Kiefernnadeln und Fichtenharz bilden
eine ausdrucksstarke, volle Aromatik, die nicht verstummen will.
Starkwürzig, staubtrocken und balsamisch-frisch zugleich bläst der
Wacholder in die Gaumensegel – der eukalyptische Reiter unter
den Gins.

East London Liquor Company, London, England

Botanicals Wacholderbeeren, Koriandersamen, Angelikawurzel, Kardamom, Kubeben-pfeffer, Grapefruit- und Zitronenschalen

40 Edinburgh Seaside Gin

Süßwasser-Duscher? Salzwasser-Surfer!

Spencerfield Spirit, 2005 von Alex und Jane Nicol gegründet, realisierte 2010 den Edinburgh Gin, der anfangs ein schottisch-englischer Grenzgänger war: Der Basisalkohol der Invergordon Distillery im hohen Norden migrierte zur Langley Distillery in den englischen West Midlands, wo er mit den üblichen Verdächtigen gebrannt wurde. Nach der Remigration bekam er in Edinburgh durch Heidekraut, Kiefernzapfen und Mariendisteln seinen schottischen Zungenschlag. Seit 2014 die Edinburgh Gin Distillery im Westend der schottischen Hauptstadt die Tore öffnete, erübrigt sich der kuriose Umweg. Im selben Jahr verkauften die Nicols an Ian Macleod Distillers, die bereits die London Dry Gins King Robert II, London Hill, Marlborough und Raffles im Portfolio hatten.

Der Edinburgh Gin ist wacholderstark mit kräuterigen Ober- und Untertönen sowie einer frischen Zitrusbrise – ein schottisch getönter, aber doch klassischer Gin. Sein Abkömmling, der Seaside Gin, entstand in enger Zusammenarbeit mit der ortsansässigen Heriot-Watt University, die als weltweit erste Technische Hochschule gilt. Sie wurde nach dem Goldschmied George Heriot sowie James Watt, der die Dampfmaschine nicht erfunden, aber doch entscheidend verbessert hat, benannt. Wie in jedem Brennkessel spielt auch beim Seaside Gin Dampf eine nicht unwesentliche Rolle, dem drei Meeresbewohner beziehungsweise -anrainer einen nordisch-maritimen Touch verleihen: der starkaromatische Gundermann alias Soldatenpetersilie, das kresseähnliche Löffel- oder Skorbutkraut und der umami-gesättigte Blasentang, den Plinius der Ältere wegen seiner Blattform Meereiche nannte.

Der Seaside Gin ist nichts für Süßwasser-Duscher, wohl aber für unerschrockene Nordmeer-Surfer: Seine salzige Gischt ist eine Naturgewalt – kaum hat man sich's versehen, fräst sie sich mineralisch, kräuterstark und wacholderhart in die Geschmacksknospen. Zweifelsohne die salzigste Versuchung, seit in Schottland die ersten Wacholdersalinen angelegt wurden.

Edinburgh Gin Distillery, Edinburgh, Schottland

Botanicals Wacholderbeeren, Koriandersamen, Kardamom, Paradieskörner, Gundermann, Löffelkraut, Blasentang und weitere Geheimzutaten

41__Elephant London Dry Gin

Die elefantöse Artenschutz-Rallye durch die norddeutsche Tiefebene

Bevor der weiße Mann den Schwarzen Kontinent kolonisierte, lebten dort um die 20 Millionen Elefanten. 1979 waren es rund 1,3 Millionen Dickhäuter, 2016 nur noch gut 350.000. Zwar sind die Jagd auf das weiße Gold und der Elfenbeinhandel längst verboten, durch Wilderei nimmt der Bestand trotzdem immer weiter ab. Mit jeder verkauften Flasche Elephant London Dry Gin fließen 15 Prozent des Gewinns an Stiftungen, die sich für die sanften Riesen einsetzen: an »Space for Elephants« und »Big Life Foundation« sowie den »David Sheldrick Wildlife Trust«, der sich für die Rettung und Aufzucht des verwaisten Nachwuchses engagiert. Jede Flasche ziert der Name eines ermordeten, geretteten oder verwaisten Elefanten.

Als Robin Gerlach und Tessa Wienker durch Afrika reisten, nahm der geheimnisvolle Kontinent sie magisch gefangen. Zurück in Hamburg begannen sie mit der Entwicklung eines Gins mit afrikanischer Note. Umgesetzt wird er auf dem mecklenburgischen Gutshof Schwechow, wo Destillateur Benny Kohr eigentlich hochklassige Geiste und Brände aufsetzt. In einer dampfbeheizten 500-Liter-Obstgeistanlage aus dem Hause Arnold Holstein tummeln sich für den Elephant nicht nur norddeutsche Äpfel, die ihre Frische und eine gewisse Süße beisteuern, sondern auch fünf afrikanische Botanicals: Affenbrotbaumfrucht aus Malawi; Buchu, eine Heilpflanze, die – wie die folgenden – aus Südafrika stammt und geschmacklich an schwarze Johannisbeeren erinnert; der kräuterige Lion's Tail; die bittere Devil's Claw; und last but not least das würzig-herbe Afrikanische Wermutkraut. Der Elephant duftet und schmeckt anders, außergewöhnlich, exotisch, also wohl afrikanisch. Sein Aromenspiel ist vollmundig – herbe Kräutertöne, ein delikater Zimthauch, fruchtige Birnentöne, Zitrusnoten und ein stets präsenter, aber nie aufdringlicher Wacholder zeichnen ihn aus.

Elephant Gin, Hamburg/Gut Schwechow, Mecklenburg-Vorpommern, Deutschland

Botanicals Wacholderbeeren, Piment, Latschenkiefer, Ingwer, Apfel, Holunder-
und Lavendelblüten, Cassiazimt, Afrikanisches Wermutkraut, Affenbrotbaumfrucht,
Buchu-Blätter, Afrikanischer Löwenschwanz, Teufelskralle, Süßorangenschalen

42___Feel! Munich Dry Gin
Schwerter zu Pflugscharen, Automobile zu Brennanlagen!

Herbert Achternbusch, der weniger berühmte denn berüchtigte Münchner Maler, Schriftsteller und Filmemacher, drehte 1977 seinen legendären Film »Bierkampf«, in dem er selbst die Hauptrolle, einen falschen Polizisten, spielt. Auf dem Oktoberfest belästigt er nach allen Regeln der Kunst wahllos Gäste und verstrickt sich in weit mehr als eine Festzeltschlägerei. Ein ebenso verstörendes wie unterhaltsames Filmdokument, das mit dem Folgenden in keinerlei Verbindung steht – abgesehen vom Nachnamen, von der Stadt, dem Oktoberfest und der Präsenz alkoholischer Getränke.

Namensvetter Korbinian Achternbusch arbeitet tagsüber in der elterlichen Wäscherei, nach Feierabend widmet sich der Pasinger im Hinterhof ganz seinem Munich Dry Gin. Auf dem Oktoberfest, bei einer Maß, kam ihm – in einer Bierlaune – die Schnapsidee, einen Gin zu kreieren. Er verkaufte sein Auto, schaffte dafür eine 150-Liter-Brennanlage an – und los ging's. Ein geschlagenes Jahr feilte er am Rezept, in das letztlich 17 Botanicals Eingang fanden.

Aus Weizenalkohol vom Gutshof Alt-Prerau bei Wien, Münchner Wasser und biologisch angebauten Früchten und Gewürzen schmiedet Achternbusch seinen gefühlsbetonten Gin. Auf die Filtration, bei der häufig tierische Eiweiße Verwendung finden, verzichtet der Autodidakt – sein Gin ist deshalb nicht nur bio, sondern auch vegan.

In die Nase sticht ein wenig Alkohol, ansonsten hält der Feel! sich olfaktorisch zurück. Auf der Zunge legt er freilich alle Schüchternheit ab. Der Wacholder ist da, das Zepter liegt jedoch eindeutig in Händen der Limetten, denen die dunklen Beeren Tiefe und Körper verleihen. Achternbusch nennt seinen Gin »zitruslastig« – und trifft damit den Nagel auf den Kopf. Ein überaus erfrischendes Erlebnis, doch für den einen oder anderen wird die Zitruslastigkeit, die eine aufdringliche Süße mit sich bringt, möglicherweise zur Zitruslast.

Korbinian Achternbusch, München, Bayern, Deutschland

Botanicals Wacholderbeeren, Koriandersamen, Kubebenpfeffer, Lavendel, Zitronenmelisse, Heidel-, Holunder- und Aroniabeeren, Limetten und acht Geheimzutaten

43 Ferdinand's Saar Dry Gin

Die Wacholder-Rebe aus der Schiefer-Steillage

Der königlich-preußische Forstmeister Ferdinand Geltz gehörte 1908 zu den Gründungsvätern des »Vereins der Naturweinversteigerer Großer Ring«, dem Vorgänger des »Verbandes Deutscher Prädikatsweingüter Mosel-Saar-Ruwer«. Mit hochwertigen Rieslingen – ohne die seinerzeit verbreitete Chaptalisation (Trockenzuckerung) – machte er das Weingut Forstmeister Geltz zu einem der erfolgreichsten der Region. Nachdem das Gutsgebäude Ende des Zweiten Weltkriegs durch einen Bombenangriff zerstört worden war, richteten Marianne Geltz und Fritz Zilliken, ebenfalls Spross einer Winzerfamilie, den Betrieb wieder auf. Die heutige Hausherrin, Dorothee Zilliken, baut wie eh und je ausschließlich Riesling an und aus – der allerdings nicht mehr nur Weinkenner, sondern auch Gin-Gourmets erfreut.

Von mineralischen Schieferböden der großen Steillage Saarburger Rausch stammen die Trauben für Ferdinand's exquisiten Dry Gin. Destillateur Andreas Vallendar brennt aus der Spätlese keinen Trester, sondern den Basisalkohol ganz herkömmlich aus Getreide. Viele der Botanicals stammen aus eigenem Anbau, einige von brach liegenden Weinbergen im Konzer Tälchen. Sie werden mazeriert und destilliert, während die frischen Kräuter mittels Dampfinfusion ihre Aromen beisteuern. Zum Abschluss gibt Vallendar einen »Schuss« Riesling hinzu, um den Saar-Gin fruchtig und rund zu machen.

Der Saar Dry Gin duftet extrem lecker, nach Gewürzen einerseits, Wein andererseits, sodass man eher an Gewürztraminer oder Muskateller denn an Riesling denkt. Der Wacholder ist geschmacklich unverkennbar und macht den Ferdinand's zum echten Gin. Seine fruchtige, traubenbeseelte Süße wird von vollmundigen, aromatischen Gewürzen glänzend aufgefangen. Er ist tiefsinnig, ausdrucksstark und harmonisch – eine erstaunliche Kreuzung aus englischem Gin und saarländischem Riesling.

Brennerei Avadis, Wincheringen, Saarland, Deutschland

Botanicals Wacholderbeeren, Koriandersamen, Angelikawurzel, Zimt, Ingwer, Süßholz, Fenchel, Kardamom, Muskatnuss, Pfeffer, Quitte, Rubinette (Apfel), Weinbergpfirsich, Apfelminze, Zitronenmelisse, Zitronenthymian, Holunderblüte, Schlehe, Hagebutte, Lavendel, Kamille, Hopfenblüte, Weinrose, Passionsblume, Jasmin, Sandelholz, Mandelschale, Bitterorangen, Zitronen, Limetten, Bergamotten

44__ F. E. W. Breakfast Gin
Der frühe Vogel fängt die Wacholderbeere

Evanston war früher trocken. Und länger. Mindestens seit 1858, als die Stadt am Lake Michigan gerade gegründet worden war, galten strenge Verbote für Gebrautes und Gebranntes. Seit 1972 dürfen Gaststätten alkoholische Getränke ausschenken, seit 1984 dürfen Geschäfte sie verkaufen, und die letzten Beschränkungen fielen erst in den 1990er Jahren. Zur Ikone der Abstinenzbewegung wurde Frances Elizabeth Willard (1839–1898). 1858 zog ihre Familie nach Evanston, und bald engagierte sie sich für das Verbot von Teufel Alkohol. Sie gehörte zu den Gründerinnen der »Woman's Christian Temperance Union« (WCTU), deren Präsidentin sie von 1879 bis zu ihrem Tod war. Die WCTU kämpfte für Frauenrechte, Sozialreformen und gegen den grassierenden Elendsalkoholismus. Mit einer Drittelmillion Mitglieder war sie zeitweise die größte Frauenorganisation der Vereinigten Staaten.

»By the few for the few«: F. E. W., die möglicherweise erste Brennerei Evanstons, hat nicht zufällig die Initialen der prominenten Alkoholgegnerin zum Namen auserkoren. Neben Whiskey haben sich Paul Hletko und Steven Kaplan seit 2011 auf Gin spezialisiert, für den sie den Basisalkohol aus Weizen, Roggen und Mais in Eigenregie herstellen. Ihr American Gin basiert auf elf Botanicals, darunter Vanille aus Tahiti, und spricht mit deutlichem Zitrusakzent.

Neben einer Navy Strength namens Standard Issue und fassgelagerten Abkömmlingen haben sie den vielleicht ersten Frühstücksgin kreiert. Angeblich mit nur drei Botanicals gebrannt, hat ganz klar Earl Grey die Nase vorne. Das Bergamotte-Aroma ist unverkennbar, mit seiner tiefgründigen Bittere, seinen rauchigen Tönen und öligen Zitrusnoten. F. E. W. empfehlen ihn als French 75 spätmorgens zum Brunch – aber bitte kein Elendsalkoholismus! –, er ist aber auch mittags, nachmittags, abends und nachts ein echter Genuss.

F. E. W. Spirits, Evanston, Illinois, Vereinigte Staaten

Botanicals Wacholderbeeren, Earl Grey, Zitronenschalen

45 Fifty Eight Gin

*Auf Engelsschwingen per Anhalter durch
die Wacholdergalaxis*

Mark Marmont, Tauchlehrer und Skipper, zog 2007 von Down Under nach London. Was ihn dazu bewog und ob er auf Engelsflügeln oder doch im Flugzeug um den halben Globus flog, bleibt im Dunkel der Geschichte verborgen. Jedenfalls bezog er eine Hausnummer 58 (die Straße ist dem Autor bekannt) in Islington und frequentierte regelmäßig »The Bar With No Name« in der Nummer 69 ein paar Meter weiter. Douglas Adams lebte übrigens zeitweise auch in Islington, aber nicht in Haus Nummer 42, sondern 29 Arlington Avenue. Während 42 bekanntlich der Sinn des Lebens ist, machte Marmont die 58 zum Gin des Lebens.

Der Fifty Eight Gin ist eine echte Hausnummer, und auch die metallicblauen Engelsschwingen haben Lokalkolorit: An der Grenze zu Clerkenwell, von wo aus Gordon's London Dry Gin ab 1786 seinen Siegeszug antrat, heißt ein Ortsteil Islingtons Angel – benannt nach einem Gasthaus, das spätestens 1614 unter diesem Namen bekannt war. Ein Engel – oder die Post – stellte einen Tag vor Heiligabend 2014 die Brennlizenz zu, im Januar 2015 brannte Marmont Batch Nummer eins, 2016 den 58. Die Botanicals mazerieren über Nacht in einem 60-Liter-Alambic und werden mit der Single-Shot-Methode langsam, rund sechs Stunden, destilliert, um die Aromen perfekt zu konturieren. Zum Aufheizen verwendet Marmont übrigens einen Crêpes-Ofen, was seinem Spitznamen »Moonshine Mark« – Schwarzbrenner Mark – alle Ehre macht.

Der Fifty Eight hat etwas von Zitronenaufstrich, von Bergamottenmarmelade, und wäre doch als Zitrus-Gin falsch deklariert. Vielmehr ist es die subtile Gewürzaromatik, die ihn zutiefst prägt. Nichts an ihm wirkt dick aufgetragen, sondern alles fein modelliert und ziseliert. Er ist im besten Sinne gefällig, das Glas zügig leer und der Wunsch nach dem nächsten ebenso schnell da. Kurz: ein Engel von einem Gin.

Fifty Eight Distillery, London, England

46__Fifty Pounds Gin

50 Pfund, ein paar Groschen und eine Handvoll Bohnenkraut

Nachdem Wilhelm III. und Queen Anne Spirituosen weitestgehend steuerbefreit und damit den Gin-Markt dereguliert hatten, wurde London zur Welthauptstadt der Apokalypse. Die Sitten verfielen, Alkoholleichen pflasterten die Straßen, die Kindersterblichkeit nahm unvorstellbare Maße an. 1734 erwürgte Judith Dufour ihre zweijährige Tochter, versetzte die Kinderkleidung für ein paar Groschen und kaufte davon Gin. Das Parlament erließ daraufhin das bereits dritte Gin-Gesetz seit 1729, das als Gin Act 1736 in die Geschichte einging. 50 Pfund sollten Brenner nun jährlich zahlen, um Gin herstellen zu dürfen. Ein zahnloser Papiertiger: Niemanden scherte es, und in der Tat sollen nur zwei Brenner gezahlt haben. 1743 wurde das völlig erfolglose Gesetz kassiert.

Charles Maxwell gründete Thames Distillers 1996, als noch niemand ahnte, dass bald wieder eine – diesmal nicht zu beanstandende – Gin-Epidemie ausbrechen würde. In der Timbermill Distillery in Clapham hat Maxwell mit den Brennblasen »Tom Thumb« und »Thumbelina« seither rund 60 Gins zum Leben erweckt – für große Brands, kleine Bars oder aus eigenem Antrieb. Dazu zählt seit 2010 der Fifty Pounds Gin, dessen Name an die Gin Craze des 18. Jahrhunderts erinnert. In die Flasche finden elf Botanicals von vier Kontinenten, acht aus Europa, Asien (Koriander) und Afrika (Paradieskörner) sowie drei geheime, mindestens eines mutmaßlich amerikanischen Ursprungs.

Der Fifty Pounds ist ein klassischer, im besten Sinne konservativer London Dry Gin. Schon in der Nase und pur ist der Wacholder unverkennbar, im Mix wird er überlebensgroß und changiert von fruchtig bis bitter, ohne jeden Anflug von Süße. Getragen wird er von einem klaren, sowohl medizinisch als auch samtig wirkenden Gewürzrückgrat mit Pfeffer, Eukalyptus und Maxwells Lieblingszutat Bohnenkraut.

Thames Distillers, London, England

Botanicals Wacholderbeeren, Koriandersamen, Angelikawurzel, Bohnenkraut, Süßholz, Paradieskörner, Orangen- und Zitronenschalen sowie drei Geheimzutaten

47__Foerster's Heide Gin

O Kuestentannenbaum, wie harzig sind deine Nadeln ...

Analog ist besser: Denn es begab sich, dass Martin Neumann und Torsten Gebert gefangen waren in der unendlich Oednis der digitalen Welt. Wessen sie sich schuldig gemacht hatten, spielt an dieser Stelle keine Rolle, aber ihre Strafe war drakonisch: E-Commerce und Online-Marketing von frueh bis spaet. Im November 2014 gruendeten sie, um sich vom Digitaljoch zu befreien, die Erste Maennerhobby GmbH & Co. KG – eine Namensidee, auf die nur ihre Frauen hatten kommen koennen. Im Oktober 2015 stand die 250-Liter-Geistblase von Kothe, im Mai 2016 wurde es ernst: mit dem Kaland Kuemmel rollte der Erstling vom Band.

Maennerhobby, das heißt nicht nur, etwas Echtes tun (anstatt des Digitalen), sondern auch Digraph statt Graphem – will sagen: keine Punkte auf a, o und u, sondern ein e dahinter. Wie in der guten alten Zeit, als man noch in den Wald ging, anstatt in seelenlose Monitore zu glotzen. Und genau das taten die beiden Gruender: Im winterlich verschneiten mecklenburgischen Wald sollten sie auf einer Wanderung mit geschlossenen Augen an etwas riechen. Ganz klar Grapefruit! Doch die Verblueffung war groß, als sie die Aeuglein wieder oeffneten: Es handelte sich um die zerriebenen Nadeln der Kuestentanne.

Im Sommer 2017 wurde aus der Tanne dann Gin – Foerster's Heide Gin. Foerster Hermann Friedrich Becker (1766 – 1852) war nicht ganz unbeteiligt daran, dass die urspruenglich in Nordamerika beheimatete Kuestentanne in die Rostocker Heide fand. Aus Neutralalkohol von der Baltic Distillery in Dettmannsdorf-Koelzow, frischen Tannennadeln und Sanddorn vom Darß entsteht mittels Warmmazeration und Kaltfiltrierung ein Nadelwaldgin, der seinesgleichen sucht: ultraharzig, staubtrocken, zitrusbitter. Eine herrliche Wacholder-Ode an den deutschen Wald, und man moechte singen: O Tannenbaum, o Tannenbaum, wie schoen sind deine Blaetter ...

Erste Maennerhobby GmbH & Co. KG, Klein Kussewitz, Mecklenburg-Vorpommern, Deutschland

Botanicals Wacholderbeeren, Koriandersamen, Angelikawurzel, Kuestentanne (Abies grandis), Sanddorn, Ingwer, Zitronengras, Zitronenschalen und drei Geheimzutaten

48 Four Pillars Rare Dry Gin

Die vier Säulen der Gin-Weisheit: Kupfer, Wasser, Zimtorangen und Liebe

Nordöstlich von Melbourne liegt das Yarra Valley, ein Touristenziel und Weinbaugebiet, in dem Chardonnay und Pinot Noir angebaut werden. In einem Seitental, am Watts River, unmittelbar am Yarra-Ranges-Nationalpark, findet man Healesville, ein kleines Städtchen, das wegen und während des Victorianischen Goldrauschs in den 1850er und 60er Jahren gegründet wurde, heute nicht einmal 7.000 Einwohner zählt, dafür aber eine Craft-Brauerei – Watts River Brewing – und eine Craft-Gin-Brennerei – Four Pillars – hat.

2013 gründete das Trio Stuart Gregor und Cameron Mackenzie, die eigentlich vom Wein kommen, sowie Marketingspezialist Matt Jones die Destillerie – und gehören damit zu den Gin-Pionieren des fünften Kontinents. Die vier Säulen des Four Pillars sind nach Auskunft des Etiketts: erstens die Stills namens »Wilma« und »Jude« aus der deutschen Qualitätsmanufaktur Carl, zweitens Wasser aus dem Yarra Valley, das – wie sollte es anders sein – beste der Welt, drittens die Botanicals und viertens Liebe, nämlich die brennende der Brenner zum Brennen.

Destillateur Mackenzie und seine Mitbrenner haben rund zehn Four Pillars im Angebot, darunter fassgereifte, asiatisch inspirierte und einen mit Shiraz-Trauben aus dem Yarra Valley. Für ihr Aushängeschild, den Rare Dry Gin, verwenden sie frische australische Orangen, die den Four Pillars deutlich prägen. Das Widerspiel der herb-aromatischen Orangen mit Zimt steht eindeutig im Zentrum der Aromatik. Die Rolle der Zitronenschalen übernimmt Zitronenmyrte, aus deren Blättern Tee – überraschenderweise – mit Zitrusaroma gemacht wird. Nach dem ersten Anbranden von Orange und Zimt melden sich Wacholder, Kardamom, Tasmanischer Pfeffer sowie Kräuter- und Eukalyptusnoten zu Wort, doch das erste und letzte haben die bittersüßen Orangen und das samtweiche Zimtpuder.

Four Pillars Distillery, Healesville, Victoria, Australien

Botanicals Wacholderbeeren, Koriandersamen, Angelikawurzel, Kardamom, Zimt, Tasmanische Pfefferbeeren (Blätter), Sternanis, Lavendel, Australische Zitronenmyrte, Orangen

49 _ G+ Tangerine

Ein Traum von einer Mandarine

In Schwanberg im Tal der Schwarzen Sulm, nicht weit von der österreichisch-slowenischen Grenze, wagten Carmen und Werner Krauss 2007 den Schritt in die schnapsbrennerische Selbstständigkeit. Während sie die Geschäfte führt, tüftelt er einen großen Hochprozentigen nach dem nächsten aus. Neben Whiskey und Rum sowie zahlreichen Edelbränden – von Zigarre / Birne über Dörrzwetschge und Bockbier bis Banane – ist es vor allem die »Danger Line« mit aktuell sechs Gins, mit denen die Steirer seit Jahren Preis um Preis gewinnen.

Der wuchtig wacholderige London Dry Gin bildet die Basis, der sonnige »Lemon Tree« fängt den Sommer ein, der blumige »Flower Power« betört mit Veilchen, Lavendel und Kamille, der ölige »Saffron« bringt Farbe ins Spiel, der »Oak Cask« Vanille und Mandarine zusammen. Der Favorit der Herrin des Hauses ist jedoch der Tangerine: »Der schmeckt einfach jedem!«

Der Tangerine ist ein Traum von einer Mandarine. Er steigt mild, balsamisch und minzig in die Nase, um dann pur mit viel, nein, sehr viel Pfeffer zu explodieren. Der Aufruhr ist freilich sofort beendet, sobald man ihn verdünnt, ob mit Wasser, um den Aromen auf den Grund zu gehen, oder mit Tonic. Augenblicklich findet man sich inmitten einer maghrebinischen Oase wieder, umgeben von Mandarinenbäumen (»Tangerine Trees«) unter einem Marmeladenhimmel (»Marmalade Skies«), von denen die Beatles in »Lucy in the Sky with Diamonds« sangen. Wunderbar weich und harmonisch, bezieht der Tangerine seine Aromen aus dem Zusammenspiel der frisch-herben Mandarinen mit dem kräuterig-bitteren Thymian.

Während Gins mit orangen Zitrusfrüchten mitunter zu einer gewissen Süßlichkeit neigen, bleibt der G+ Tangerine makellos und beharrlich trocken, wodurch sich die feinen Bittertöne herrlich entfalten können. Ohne alle einzeln befragt zu haben: Der schmeckt einfach jedem!

Feindestillerie Krauss, St. Martin im Sulmtal, Steiermark, Österreich

50 _ Ghost in a Bottle Ginetical –
The Wooded Edition

Der Geist aus der gegagelten Wacholder-Eiche

Ludwig Lampaert aus Huldenberg, südöstlich von Brüssel, war schon immer in Sachen gehobener Genuss unterwegs, Gin neben Wein sein sowohl geschäftliches als auch privates Spezialgebiet. Nach dem Sprung in die Selbstständigkeit begann er, wie naheliegend, 2015 zunächst mit Gin, hat sich seither aber auch Vermouth und Rum gewidmet.

Den Ginetical gibt es als The Royal Edition und The Wooded Edition. Beide basieren auf den gleichen 13 Botanicals, zwölf davon einschlägig, aber weitgehend geheim, dazu, als ungewöhnliche Zutat, die Blätter des Gagelstrauchs. Seine hübschen Blüten sollen in Brautsträußen königlicher Hochzeiten verwendet worden sein, weswegen man ihn im Französischen auch »Piment royal« nennt. Endlos ist die Reihe der Bezeichnungen in den verschiedenen Sprachen und Dialekten, sicheren Halt gewährt nur der botanische Name: *Myrica gale*. Die große Zeit des Gagelstrauchs ist ein paar Tage her: Seine aromatischen, herb-bitteren Blätter waren ein unverzichtbarer Bestandteil der Grut- oder Kräuterbiere des Mittelalters, denen übrigens auch Wacholder Geschmack verlieh. Zwischen dem 13. und 16. Jahrhundert wurden Gagel und Co. jedoch vom Hopfen verdrängt. Lampaert pflückt die Blätter im limburgischen Bosland zwischen Lommel und Hechtel.

Die Royal Edition ist feste gegagelt, schwankt daneben zwischen Lorbeer, Anis und Pfeffer einerseits, Frucht, Honig und Süßholz andererseits. Die in Bourbon-Fässern gereifte Wooded Edition hat den Charakter jungen Whiskeys mit zwei Einschlägen: Wacholder und Wermut, Letzteres geht sicherlich nicht zuletzt auf das Konto der Gagelblätter. Eiche, Hitze, Leder, Karamell, Nelken und Wermut könnte man nach gustatorischen Einlassungen für die begleitenden Aromen halten. Pur, auf Eis und verdünnt findet der Geist aus dem Holz seine Bestimmung, in Tonic verfehlt er sie.

Ghost in a Bottle, Hoeilaart, Flämisch-Brabant, Belgien

51 Le Gin de Christian Drouin Calvados Cask Finish

Wie Apfel und Wacholder sich im Calvadosfass näherkommen

In den 1960er Jahren erwarb Christian Drouin sen. das Landgut Fiefs Saint-Anne auf den Hügeln von Gonneville bei Le Havre an der Mündung der Seine – mitsamt alter Brennerei und noch älteren Apfelplantagen. Was lag also näher, als sich inmitten des Départements Calvados am gleichnamigen Apfelbranntwein zu versuchen? Seinerzeit wurde Calvados fast ausschließlich regional verkauft und frisch genossen. Doch Drouin sen. hatte andere Pläne. Unter Anleitung von Brenner Pierre Rivet reifte er den gebrannten Cidre in Sherry-, Port- und Calvadosfässern. Erst 1979 begann er, längst unter Mithilfe von Christian jun., mit der Vermarktung. Eine Erfolgsgeschichte, denn bald belieferten Senior und Junior die Spitzengastronomie rund um den Globus. Als Fiefs Saint-Anne zu klein wurde, verlegten sie die Produktion 1991/92 nach Coudray-Rabut auf das Landgut »Coeur de Lion« mit seinen malerischen Fachwerkbauten aus dem 17. Jahrhundert.

Anfang 2004 übernahm Önologe und Agraringenieur Guillaume Drouin in dritter Generation. Zugleich in der ländlich-traditionellen Idylle des Calvados als auch in der urbanen Cocktail-Kultur zu Hause, beschloss er, das Beste beider Welten zu vereinen. Für seinen Apfel-Wacholder, der genau genommen Le Gin de Guillaume Drouin heißen müsste, aromatisiert er Neutralalkohol mit gebranntem Cidre aus mehr als 30 Sorten Äpfeln, von süß bis sauer und bitter. Alle Botanicals, abgesehen vom Wacholder, stammen aus dem Aromenspektrum des Calvados und werden getrennt voneinander mazeriert und destilliert. Insbesondere die Gewürze vermitteln im Gin de Christian Drouin zwischen Wacholder und Apfel. Zum Hochgenuss wird er durch das »Calvados Cask Finish«: Die Reifung rundet und harmonisiert Le Gin, verleiht ihm Tiefe und Komplexität und intensiviert die herbstlich anmutende Apfelaromatik.

Calvados Christian Drouin, Coudray-Rabut, Normandie, Frankreich

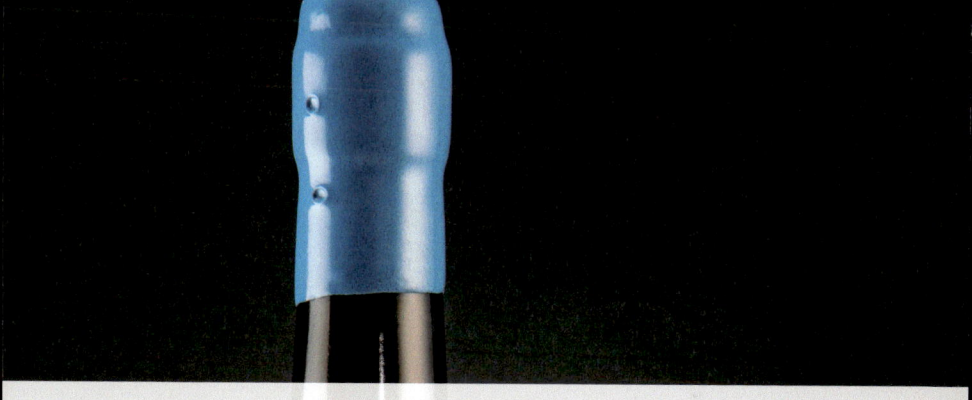

Botanicals Wacholderbeeren, Ingwer, Mandeln, Kardamom, Zimt, Vanille, Rosenblüten, Zitronen

52 Il Gin del Professore à la Madame

Vermouth ohne Schwermut – der Damen-Gin
vom Tiber-Speakeasy

»Professor« Jerry Thomas war der Gottvater des Flairbartendings oder Showbarkeepings und Verfasser des ersten Cocktailbuchs: »How to Mix Drinks or The Bon-Vivant's Companion« von 1862. In jungen Jahren folgte er dem Ruf des Goldrauschs nach Kalifornien und gab schon damals den spektakulären »Blue Blazer« zum Besten, indem er Whisky entflammte und blau lodernd zwischen zwei Mixbehältern im hohen Bogen hin und her schüttete. Zurück in New York, glänzte der Professor der Mixwissenschaft 1866 in seiner Bar auf dem Broadway mit Kunststücken und wurde zur Ikone New Yorks und des goldenen Zeitalters der Cocktails.

Alex »Cassiere della Mala« Procoli, Robbie »Il Cacciatorino« Artusio, Tony »Speakslow« Parlapiano, Teddy »Freschello« Baioni und Leo »Il Commodoro« Leuci eröffneten 2015 in einer kleinen römischen Gasse nahe am Tiber das »Jerry Thomas Speakeasy«. In der seit 1890 bestehenden piemontesischen Brennerei der Familie Quaglia setzen sie die Spirituosen des »Professore« um – zuerst den Vermouth Del Professore, später auch das Gin-Pärchen Il Gin del Professore à la Monsieur und à la Madame.

Für ihn und sie wird wilder Wacholder aus Umbrien und der Toskana gebrannt, alle anderen Zutaten darin nur mazeriert, aber nicht mehr destilliert – ein Badewannen- oder Compound Gin. Während Monsieur ein wacholderbetontes Aromenprofil hat, wandelt Madame auf wacholderfernen Pfaden. Sie mundet deutlich vermouth-artig, und man möchte wetten, dass Wermutkraut zu den nicht genannten Botanicals gehört. Ein bunter Strauß Blüten und Kräuter sorgt für ein reiches, anislastiges Bouquet, eine honigartige Süße, Vanille und Zimt schmeicheln sich sanft ein, während grazile Zitrusnoten für die nötige Frische sorgen. Für die Dame … und den Herrn.

Antica Distilleria Quaglia, Castelnuovo Don Bosco, Piemont, Italien

53__ Gin Mare

Der Spiritus Sanctus des Mare Nostrum

Die Geschichte der Destilerías MG begann 1835 nicht mit Hochprozentigem, sondern mit Erfrischungsgetränken. Seit 1880 brennt MG Spirituosen, seit 1940 den Gin MG. In den 1950er Jahren erwarb die Eigentümerfamilie Giró Ribot ein Anwesen in Vilanova i la Geltrú, einem Fischerstädtchen zwischen der Costa Brava und der Costa Dorada. Dazu gehört eine Kapelle aus dem 13. Jahrhundert, in welcher der Gin Mare seit 2007 mit dem Spiritus Sanctus des Wacholders geimpft wird. Wo früher der Altar stand, thront heute eine Florentiner Kupferdestille unter einem himmlischen Deckenfresko.

Der Gin Mare ist ein Pionier und Klassiker der Gin-Moderne. Die Katalanen gehörten zu den Ersten, die die Wacholder-Renaissance erkannten und einen kompromisslos modernen Gin kreierten. Und das mit Bezug auf die Antike, in der das Mittelmeer Mare Nostrum, »unser Meer«, genannt wurde: Basilikum aus Italien, Thymian aus Griechenland, Rosmarin aus der Türkei und Arbequina-Oliven aus Spanien prägen den mediterranen Gin. Tranquilo heißt sein Motto: Gut Ding will Weile haben, und so werden die Zitrusfrüchte ein geschlagenes Jahr lang fermentiert, die übrigen Aromenspender 36 Stunden lang mazeriert, bevor sie separat destilliert und verschnitten werden.

Der Mare duftet gleichermaßen klar und deutlich nach Wacholder und mediterranen Kräutern, begleitet von etwas Eukalyptus und Pfeffer. Der herrlich würzige Wacholder ist eindeutig harzig-bitter, nicht beerig-süß – und wird von Rosmarin und Co. sowohl ergänzt als auch verstärkt. Die Oliven steuern erdige Noten bei und sorgen zugleich für Harmonie und einen mild-salzigen, feinbitteren Nachhall. Die Versuchung ist groß, diese Aromen mit viel Zitrone zu kombinieren: Aber eben weil die Katalanen die mediterranen Kräuter mit den Zitrusnoten unterbauen und nicht überdecken, ist der Mare kein guter, sondern ein sehr guter Gin.

Destilerías Miquel Guansé, Vilanova i la Geltrú, Katalonien, Spanien

Botanicals Wacholderbeeren, Koriandersamen, Grüner Kardamom, Basilikum, Thymian, Rosmarin, Oliven, Zitronen- und Orangenschalen

54__Ginsanity CGN Dry Gin

Total durchgeknallt: Chili im Gin und
Wacholderkonkurrenz für den Glühwein

Unmittelbar am Kölner Stadtwald, im Schatten des Müngersdorfer Stadions, haben die Gin-Sammler und Autodidakten Dagmar und Michael Frangenberg ihre Destillerie eingerichtet – im Souterrain des Nachbarhauses. In den kleinen Räumen, die vor Brennequipment überquellen, steht ein Kupferkessel, kaum größer als ein Kochtopf, in dem nachts, wenn es dunkel ist, Ungeheuerliches geschieht. Ein androgynes Gothic-Fräulein im kecken Uniformrock, offensichtlich einem buntromantischen Schauerroman entsprungen, erwacht zum Leben und tanzt wild durch den Brennhut. Schwarz und Weiß, Gut und Böse, Yin und Yang stehen ihr ins Gesicht geschrieben, ein Hauch von Vampirismus und selbstverliebter Koketterie liegt in der Luft, und wie von Geisterhand wird aus Wacholder Gin – Cologne Dry Gin.

Der CGN wird geprägt von ganzen Limetten, die frisch und fruchtig den Ton angeben. Massiv unterbaut werden sie von würzigem Koriander, während vor allem Chili, aber auch Ingwer und Pfeffer eine wohldosierte Schärfe einbringen, die sich glänzend ins Geschmacksbild einfügt. Ein erfrischender Gin, den man am besten trinkt, wenn die Nächte heiß, schwül und unheilschwanger sind und Gewitter um Gewitter sich über der Kölner Bucht entlädt.

Vier kunterbunte Abkömmlinge hat der CGN Dry Gin: Der süß saure »Sloe« – mit Schlehenbeeren von der Schwäbischen Alb – erstrahlt rot, während der »Pink Delight« sein Farbspektrum bereits im Namen trägt und durch Himbeeren und Ingwer eine nicht ganz alltägliche Aromatik anzubieten hat. Strohblond erstrahlt der »Blossom«, der von Holunderblüten, Zitronenmelisse, Äpfeln und viel Süßholz seinen Stempel aufgedrückt bekommt. Die ungewöhnlichste Kreation ist sicherlich die orange strahlende »Hot Fusion« – mit Granatapfel, Orange, Zimt, Vanille und Sternanis –, die mit heißem Apfelsaft zum Glühgin wird.

Ginsanity, Köln, Nordrhein-Westfalen, Deutschland

Botanicals Wacholderbeeren, Koriandersamen, Pfeffer, Chili, Ingwer, Limetten

55 Ginstr Stuttgart Dry Gin

Der Schwabenstreich: Wacholder auf allen Frequenzen

Es war ein Skandal! Westminster Abbey, 2. Juni 1953: Queen Elizabeth II. schreitet zur Krönung, dahinter Prinzgemahl Philip, der sie später gefragt haben soll: »Wo hast du denn den Hut her?« Die Zeremonie wird zum ersten internationalen Straßenfeger der Fernsehgeschichte, und nicht nur in England gingen zuvor die Verkäufe der neuartigen Flimmerkisten durch die Decke. Natürlich wollte man auch in Stuttgart am royalen Spektakel teilhaben – doch die Mattscheiben blieben schwarz. Leider kein Empfang. Funkloch in Degerloch!

Also krempelte man im Ländle die Ärmel hoch: Schaffe, schaffe, Türmle baue! Im Februar 1956 nahm der nigelnagelneue Stuttgarter Fernsehturm seine Arbeit auf. Ein Meilenstein des Turmbaus und das neue Wahrzeichen der Stadt. Die Queen ehrte ihn 1965 mit ihrem Besuch. Auf dem Etikett des Ginstr übernimmt der »Schwabenstreich« die Rolle des »i«, während Schloss, Oper und andere bekannte Gebäude die Skyline des Stuttgart Dry Gin bilden. Überhaupt ist der Ginstr Lokalpatriot durch und durch: Die Wacholderbeeren stammen aus den eigenen Weinbergen im Remstal, die Zitrusfrüchte und der Rosmarin von Stuttgarter Gärtnereien. Winzersohn Markus Escher und Radiomoderator Alexander Franke haben ihren Brennkessel »Otto« genannt, nach Großvater Escher, der ihn an sie vererbt hat. Stolze 46 Botanicals, ein Gutteil erstens streng geheim und zweitens aus der Region, strahlen ihre Aromen an den Ginstr ab, der Hauptsender bleibt allerdings der Wacholder, der sowohl auf mild-bitteren als auch sanft-süßen Frequenzen funkt, während der Chor der 45 glockenhell einen glasklaren Kanon dazu anstimmt.

2018 wurde der erneute Schwabenstreich von der International Wine & Spirit Company zum besten Gin für G'n'T gekürt, die Absätze explodierten, und seither heißt es in der schwäbischen Gin-Provinz: Schaffe, schaffe, Ginstr brenne!

Stuttgart Distillers, Stuttgart, Baden-Württemberg, Deutschland

Botanicals Wacholderbeeren, Koriandersamen, Kardamom, Süßholz, Rosmarin, Kaffirlimettenblätter, Orangen- und Hibiskusblüten, Granatapfelkerne, Zitrusfrüchte und 36 Geheimzutaten

56__ Gin Sul

Fernweh nach Portugal, Heimweh nach Hamburg

2009 stieg Stephan Garbe in sein Wohnmobil, zündete den Motor, fuhr ohne Ziel vor Augen los und landete schließlich an der Algarve. An der Atlantikküste ging es nicht mehr weiter westwärts, also blieb er. Und zwar in Odeceixe, einem vom Massentourismus weitgehend verschonten Örtchen an der Costa Vicentina. Ob die Uhren hier anders gehen, wie die einen behaupten, oder die Zeit gänzlich stillsteht, wovon andere überzeugt sind, spielt letztlich keine Rolle – von einem verschlafenen Nest wird man allemal reden dürfen. An den steinigen Küsten wachsen üppige Wacholdersträuche, und zwar bunt gemischt mit der Esteva oder Lack-Zistrose *(Cistus ladanifer)*. Wenn die Sonne über der Westalgarve brennt, dann sondert die Zistrose ein öliges Harz namens Labdanum ab – sie schwitzt es aus, um sich gegen die unbarmherzige Sonne zu schützen.

Zurück in Hamburg, dem deutschen Tor nach England mit portugiesischer Kolonie, gründete Garbe die Altonaer Spirituosen Manufaktur. Seit 2013 brennt der Wacholder-Aficionado in einer kleinen Kupferbrennblase den Gin Sul. Im Anisateur oder Geistkorb werden die Aromen in den aufsteigenden Alkoholdämpfen extrahiert. Das Schlüssel-Botanical Zistrose verleiht ihm eine harzige Note, die ausdauernd den Gaumen kitzelt, die dickschaligen portugiesischen Zitronen entfachen eine herrlich frische Atlantikbrise, während der Wacholder wohltemperiert ist und die weiteren Aromen zur Geltung kommen lässt.

Der Gin Sul nennt sich selbst »Saudade distilled in Hamburg« und führt unvermeidlich zu unwiderstehlichem Fernweh. Das gilt erst recht für die stets zügig vergriffenen Jahrgangs-Sondereditionen Ruby Sul (2014), Cruzeiro do Sul (2015), Rota do Sul (2016) und Beijinho do Sul (2018), nicht aber für die Kleine Freiheit (2017), die mit fünf Pfeffersorten, Kümmel, Anis, Fenchel und Dill für das Heimweh nach Hamburg zuständig ist: »Junge, komm bald wieder, bald wieder nach Haus ...«

Altonaer Spirituosen Manufaktur, Hamburg, Deutschland

Botanicals Wacholderbeeren, Koriandersamen, Kardamom, Lavendel, Zimt, Piment, Rosmarin, Lavendel, Rosenblätter, Lack-Zistrose, frische Zitronen und weitere Geheimzutaten

57 __ Glendalough
Wild Botanical Gin
Wilde Kräuter und sattes irisches Grün

Der heilige Kevin von Glendalough, der angeblich schon 498 geboren wurde und, das ist schon sicherer, erst 618 den Geist aushauchte, gründete um 549 in Glendalough eine Abtei. Er wohnte der Sage nach in einer winzigen Höhle und führte ein von Askese bestimmtes Leben in und mit der Natur. Er aß, was er in Wald und Wiese fand, und pflegte eine besondere Beziehung zu Tieren, insbesondere zu Vögeln, die ihn auf Schritt und Tritt begleitet haben sollen. Als er mit ausgebreiteten Armen betete, soll eine Amsel drei Eier in seine Hand gelegt haben. Er verharrte daraufhin so lange, bis die Jungen geschlüpft waren und davonfliegen konnten. Auf dem Etikett des Wild Botanical Gin ist der langbärtige Heilige und schnelle Brüter bei der Arbeit zu sehen.

Ab 2014 brannte die Glendalough Distillery zu allen vier Jahreszeiten Gins mit jahreszeitlichen Kräutern von den Hängen der Wicklow Mountains. Der Glendalough ist die ganzjährige Version der Vier-Jahreszeiten-Gins. Die lokalen Kräuter, Beeren und Blumen werden, nach dem Vorbild des heiligen Kevin, in der rauen ostirischen Natur gepflückt. Und deshalb zeichnet auf der Flasche nicht nur der Brennmeister, »Stillman« Rowdy Rooney, sondern auch die Wildkräuterkundige, »Forager« Geraldine Kavanagh, für den Wild Botanical Gin verantwortlich.

Versprochen ist versprochen: Der Wild Botanical ist ein opulenter Strauß herrlich herben Krauts. Kräuterig, kräuterig und nochmals kräuterig, grasig, blumig, minzig, kiefernnadelig und grapefruitig, kein bisschen sumpfig, erdig oder moosig gibt sich der Glendalougher Wacholder. Was genau in Gleann Dá Loch, im »Tal der zwei Seen«, wächst, mögen Botaniker unter sich ausmachen. Welches irische Grünzeug im Kupferkessel landet, ist möglicherweise zweitrangig, denn heraus kommt jedenfalls: sattestes irisches Grün.

Glendalough Distillery, Wicklow, Wicklow County, Irland

58__Gordon's London Dry Gin

Der klassischste aller Klassiker – Was will man mehr?

Missionarin Rose Sayer und Kapitän Charlie Allnutt, brillant gespielt von Humphrey Bogart und Katharine Hepburn, bilden im Hollywoodklassiker »African Queen« ein denkbar ungleiches Paar. Sie fliehen aus dem Dschungel, als der Erste Weltkrieg auch die Kolonien in Afrika erreicht. Auf seinem altersschwachen Kahn hat Allnutt alles dabei, was man so braucht, nämlich hauptsächlich zwei Kisten Gordon's London Dry Gin – »Was will man mehr?« –, denn er weiß: »Ein Glas Gin bringt das Blut in Wallung, macht den Kopf klar und die Beine lustig.« Als der Trunkenbold gerade aus einem Rausch erwacht, kann er aber nur mehr mit ansehen, wie die gestrenge Abstinenzlerin Flasche um Flasche über Bord gehen lässt. Vollends nüchtern meistern sie alle Abenteuer, überleben die Stromschnellen, Moskitos und sogar die Deutschen.

Anno 1769 gründete der aus Schottland stammende Alexander Gordon in Southwark, London, seine Brennerei und zog 1786 nach Clerkenwell. Längst Lieferant der Royal Navy und der umsatzstärkste Gin, fusionierte Gordon's 1898 mit Tanqueray. Genau ein Jahrhundert später schloss sich der Kreis, als Gordon's nach Schottland zurückkehrte und seither in der Cameronbridge Distillery gebrannt wird.

Gordon's ist *der* klassische Gin – namhaft und erfolgreich schon im Goldenen Zeitalter und noch in der Gin-Renaissance. Angeblich ist das Rezept seit den Anfangstagen unverändert, weswegen es sinnlos ist, ihn an modernen Premium-Craft-Gins zu messen. Der Wacholder, begleitet vom Gewürzchor, ist zwar unverkennbar, aber im Vergleich mit extremen Wacholderbomben, die es heute neben fast wacholderfreien Halb-Gins ja auch gibt, doch vergleichsweise moderat. Am prägendsten sind Koriander, Ingwer und Zitrone, die vom Zitrusbitteren ins Zitrussäuerliche ragen.

Diageo, London, England/Cameronbridge Gin Distillery, Windygates, Fife, Schottland

Botanicals Wacholderbeeren, Koriandersamen, Angelika- und Veilchenwurzel, Süßholz, Ingwer, Cassiazimt, Muskatnuss, Zitronen- und Orangenschalen

59__Granit Bavarian Gin

In Stein gemeißelt: weicher Wacholder und
bayerischer Bärwurz

Ein paar Kilometer nordöstlich von Passau, im tiefsten Bayerischen Wald, gründete Stefan Penninger I. 1905 eine Essigherstellung. Stefan II. lernte in Lothringen die Kunst der Destillation und brannte ab 1920 Obstbrände. Die bekanntesten Spezialitäten der Hausbrennerei wurden jedoch der Wurzelschnaps Bärwurz und der Kräuterlikör Blutwurz – in den 1950er bis 80er Jahren, der Ära der Nierentische, Pilzköpfe, Schlaghosen und Schulterpolster, echte Verkaufsschlager, im neuen Jahrtausend dagegen ein wenig aus der Zeit gefallen. 2012 stieg Juniorchef Stefan IV. ins Geschäft ein, krempelte den Laden gehörig um und verband Tradition und Moderne – beispielsweise durch die Blutwurze »Red« und »Black« im grellen Punk-Design oder die Bärwurz-Sonderedition »Spacewurz«.

Seit 2014 gibt es den Granit Bavarian Gin. Bei Hauzenberg geschlagener Granit dient der Filtration des Gins, der zuvor in Steingutfässern gereift ist, mittels eines sogenannten Oxy-Esterators. Zusammen mit dem kristallklaren Wasser aus den Bergen des Bayerischen Waldes sorgt sie für die besondere Milde des Granit-Bayern. Und am Flaschenhals hängt ein kleiner, handgeschlagener Granit, der – frisch aus dem Eisfach – einen Granit'n'Tonic kühlt, ohne ihn zu verwässern.

Unter den 28 Botanicals finden sich viele Klassiker, aber auch einige typisch bayerische Kräuter und Wurzeln. Nicht fehlen darf natürlich der Bärwurz, der penetrant fenchelartig duftet und auch Alpenfenchel genannt wird. In der Nase fallen zwar kräftige Aromen, sagen wir, Fichten- und Rosmarinnadeln, auf, aber keinerlei Schärfe. Der Wacholder ist präsent, jedoch äußerst weich – seine bittere Seite tritt zugunsten der typischen Beerensüße in den Hintergrund. Eine weich-würzige, mild-herbe Angelegenheit, in die sich ebenso dezente Zitrusaromen und Kräuternoten einschleichen.

Alte Hausbrennerei Penninger, Hauzenberg, Bayern, Deutschland

60__ G'Vine Nouaison

Halb gekeltert, halb wacholdert –
der Ugni-Blanc-Gin aus Cognac

2006 begannen der Destillateur Jean-Sébastien Robicquet und der Önologe Bruno de Reilhac, dem Gin einen zu keltern. Nicht in schnödem Getreidebrand sollten Wacholder und Co. baden gehen, sondern in edelstem Trauben-Eau-de-vie. In der Maison Villevert in Merpins vor den Toren von Cognac entwarfen sie zwei Gins auf Basis der Ugni-Blanc- oder Trebbiano-Traube: Floraison und Nouaison. Floraison bezeichnet die Blütezeit der Trauben, Nouaison die Phase der Fruchtbildung.

Die beiden G'Vines basierten auf den gleichen zehn Botanicals, und ihre Weintextur überlagerte das Wacholderaroma. Der frühlingshafte Floraison ist frisch und floral, der herbstliche Nouaison herb und aromatisch. Anfang 2018 wurde der G'Vine Nouaison durch den Nouaison Gin abgelöst. Sowohl das Design als auch das Rezept und der Alkoholgehalt haben sich geändert, die grundsätzliche Charakteristik jedoch nicht. Nach wie vor werden die Botanicals, thematisch in Gruppen aufgeteilt, in Traubendestillat mazeriert und destilliert, die Resultate zuletzt mit Weindestillat in einer aus der Cognac-Herstellung bekannten Charentaiser Brennblase namens »Lily Fleur« zusammengeführt.

Für Wacholder-Puristen ist der Nouaison möglicherweise nichts, für Gin-Entdecker dagegen ganz sicher. Zwei Widersacher stehen sich in ihm gegenüber: Einerseits die Wein-Aromatik, die deutlicher ausgeprägt ist als bei anderen Gins auf Traubenbasis, sicherlich auch wegen der Blüten und Früchte. Andererseits die markante Gewürz-Phalanx, die den Traubengeschmack herrlich konterkariert. Statt der Limetten des Vorgängers geben Orangen, Mandarinen und Bergamotten komplexere, würzigere Zitrusnoten, während die neuen Trockenpflaumen Tiefe und eine raffinierte Süße beisteuern. Kurz: Savoir-vivre für den Herbst, wenn die Tage kürzer und die Dämmerungen dramatischer werden.

G'Vine/EuroWineGate, Merpins, Nouvelle-Aquitaine, Frankreich

Botanicals Wacholderbeeren, Koriandersamen, Kardamom, Kubebenpfeffer, Süßholz, Cassiazimt, Ingwer, Muskatnuss, Trockenpflaumen, Orangen, Mandarinen, Bergamotten, grüne Weintrauben, Traubenblüten

61 Harahorn Gin

*Der Hase mit dem Elchgeweih auf der Jagd
nach Heidelbeeren*

Zwar wurde das herzlose Herzstück der norwegischen Prohibition (1914–1927), das »Brennevinsforbudet« (Branntweinverbot), durch eine Volksabstimmung im Jahr 1926 aufgehoben, aber das »Vinmonopolet« (Verkaufsmonopol) besteht bis heute, und die Produktion war bis 2005 ebenfalls fest in staatlicher Hand. Ole Puntervold erhielt nach acht Jahrzehnten die erste private Brennlizenz. Seine Agder Brenneri ging 2014 in Det Norske Brenneri auf, die Odd Johan Nelvik und Stig Bareksten 2011 gegründet hatten, um vor allem fassgereifte Aquavite zu brennen.

Seit 2015 bieten die Grimstader den überaus norwegischen Harahorn Gin an. Sein Wappentier ist Harahorn, ein Hase mit Elchgeweih, also ein naher Verwandter des bayerischen Wolpertingers, schwedischen Skvaders sowie des amerikanischen Jackalopes. Wer das Harahorn in freier Wildbahn ertappen möchte, dem sei das Skigebiet von Hemsedal in den skandinavischen Alpen empfohlen, wo sich ein Berg namens Harahorn 1581 Meter über den Meeresspiegel erhebt. Auch die bekannten Botanicals des Harahorn sind einheimisch: Wacholderbeeren aus Røros, Angelikawurzel aus Oppdal, wilder Majoran aus Sunndal, Heidelbeeren aus Nordmarka bei Oslo sowie Rhabarber und Blasentang aus Grimstad. Als mögliche Import-Zutaten werden Paradieskörner, Nektarinen-, Orangen- und Zitronenschalen gehandelt.

Pur sticht der Harahorn unbarmherzig mit Eukalyptus, Pfeffer und Kiefernnadeln. Er ist folglich für den Mix, in dem sich ein völlig anderes Bild ergibt: Die erdige Angelika tritt massiv auf, der minimal süßliche Wacholder ist unverkennbar, kaum spezifizierbare Gewürze halten wunderbar dagegen, und Zitrus weht frisch hinterher. Der Schlüssel sind aber eindeutig die Heidelbeeren, die eine herrliche dunkle Fruchtigkeit beisteuern – und den Harahorn zu einem nicht ganz alltäglichen Gin-Ereignis machen.

Det Norske Brenneri, Grimstad, Aust-Agder, Norwegen

Botanicals Wacholderbeeren, Angelikawurzel, Majoran, Heidelbeeren, Rhabarber, Blasentang (möglicherweise weitere Geheimzutaten)

62 __ Hendrick's Gin

Die Mutter aller Gurken-Gins

Dass der Mörder immer der Gärtner ist, weiß jeder, der die Kriminalromangrundschule mit Erfolg abgeschlossen hat. Dass der Gärtner vom Butler gemeuchelt wird, entlastet den Vegetationskundler, Pflanzenzüchter und Botaniker zwar, allerdings hat der zuerst Verleumdete und dann Verschiedene davon leider auch nichts mehr.

Doch, der Gärtner ist schuldig. Und zwar nicht in Sachen Mord, sondern als Pate des Hendrick's. Und das kam, so die Marketing-Saga, so: Eines schönen Tages saß Whiskybrenner David Stewart im Rosengarten von Aunty Janie, der hochbetagten Enkelin von Firmengründer William Grant, und spülte ein Gurkensandwich, so ist es recht, mit Gin herunter. Schon war der Hendrick's geboren. Man taufte ihn auf den Namen des Gärtners der ehrwürdigen Enkelin und Tante, denn schließlich hatte er den Garten so proper gepflegt und blütenreich gestaltet, dass sich die ganze Szene dort überhaupt erst abspielen konnte.

Seit 1999 brennen die Schotten den Hendrick's zum einen in der »Bennet Still«, einer Kupferdestille von 1860, zum anderen in einer Carter-Head-Destille aus dem Jahr 1948 mittels Dampfinfusion, verschneiden die Destillate, impfen sie mit einer Damaszener-Rosen-Salatgurken-Essenz und portionieren das Resultat in viktorianische Apothekerflaschen. Fertig ist die Mutter, pardon, das Tantchen aller Gurken-Gins!

Es soll übrigens eine ginweltweite Verordnung geben, nach der der Hendrick's ausschließlich mit mindestens einer, wenn nicht mehreren Scheiben der Panzerbeere, der Gurkenfrucht, getrunken werden darf. Dann, und nur dann, entströmt dem Hendrick's-Tonic die Vorstellung eines bezaubernden mittelenglischen Gartens, prall blühend vor Lavendel, Hortensien und Flieder. In dieser Gin-Oase ist der Hendrick's zweifelsohne die phänomenalste Erfrischung seit Erfindung der Schlangengurke.

William Grant & Sons/Girvan Grain Distillery, Girvan, South Ayrshire, Schottland

63 Hermit
Dutch Coastal Gin

Die sonnigste Versuchung in Niederländisch-Orange

Es war einmal ein Einsiedlerkrebs. Hermit, der Eremit. Zwischen der ostenglischen Landmasse Norfolks und der ausgefransten Küstenlandschaft Zeelands wanderte er über den Meeresboden der Nordsee, immer auf der Suche nach dem Glück und einem Zuhause. Er bezog bald dieses verlassene Schneckenhaus, bald ein größeres und ein noch größeres, denn Wachstum ist seine Natur. Doch irgendwann gab es kein Gehäuse mehr, das seinen Ansprüchen hätte genügen können. Als er schon fast die Hoffnung verloren hatte, fand er endlich sein gelobtes Asyl: eine Halbliterflasche mit seinem Abbild, dem Schriftzug Hermit und einem Balken in Niederländisch-Orange.

Die Story vom Eremit kann nur von jemandem stammen, dessen Profession Dauerkommunikation, Endlosmeetings, die schlaflosen sozialen Medien, das Immer-online-Sein und die Vernetzung von allem mit jedem sind. Und tatsächlich, Willy Mooren ist ein digital Kreativer – er verbindet, wie sagt man so schön, Marken und Menschen. Und seit einiger Zeit überdies Wacholderbeeren und Einsiedlerkrebse. Letztere werden übrigens auch Diogeneskrebs genannt, nach dem griechischen Philosophen, der in einem Fass lebte und zu Alexander dem Großen gesagt haben soll: »Geh mir aus der Sonne!«

Genau darum geht es auch beim Hermit: der untergehenden Sonne am Strand entgegenzublinzeln und keinen Sonnenstrahl zu verpassen. Saftige, fruchtig-frische Blutorangen aus Haiti machen den Einsiedler-Gin zu einem der freudestrahlendsten, sonnenverwöhntesten Wacholder unter dem blauen Sommerhimmel. Das Trio Kardamom, Zimt und Muskat hält feinwürzig und nicht verebbend dagegen, während Wasser aus der Oosterschelde, dem Mündungsdelta von Rhein, Maas und Schelde, einen feinen Touch Meersalz einbringt. Willy Moorens Empfehlung: Austern mit einem Schuss Hermit – lecker!

Hermit Concepts, Den Haag/Distilleerderij van Toor, Vlaardingen, Südholland, Niederlande

134

64 Hernö Old Tom Gin

Die Katze auf dem heißen Wacholderfass

Wie der Old Tom Gin in die Welt und zu seinem Namen kam, darum ranken sich zahlreiche mehr oder minder glaubwürdige Geschichten. Und auch wie die Katze zum Wappentier von Old Tom wurde, ist literarisch hochinteressant: Ein gewisser Captain Dudley Bradstreet soll um 1736 – inmitten der Gin Craze, als Verbote und Steuern gegen die Gin-Epidemie erlassen wurden – eine bauernschlaue Geschäftsidee gehabt haben.

Da man für den illegalen Ausschank von Gin nur bestraft wurde, wenn der Name des Verkäufers bekannt war, ersann er ein System, in dem sich Anbieter und Kunde nicht von Angesicht zu Angesicht begegneten: mit einer Katze als Erkennungszeichen, »Puss« (Kätzchen) und »Mew« (Miau) als Losungswörtern sowie Schubladen oder Rohren, mithilfe derer Geld und Ware diskret ausgetauscht wurden. Miau!

Aus der schwedischen Provinz kommt einer der besten »modernen« Old Tom Gins, die nur sehr moderat gesüßt werden. Seit 2012 brennt Jon Hillgren in seinen Kupferdestillen »Kierstin« und »Marit« den Hernö Gin. Er ist die Grundform mehrerer Varianten: der Navy Strength, die garantiert jeden Matrosen umhaut; des Juniper Cask Gins, der 30 Tage in Fässern aus Wacholderholz reift; des Blackcurrant, der mit Schwarzen Johannisbeeren geimpft wird; des Sloe Gins, natürlich mit Schlehenbeeren.

Und eben des Old Tom, der mit einer Extraportion Mädesüß angesetzt und mit einer Prise Zucker weicher gemacht wird. Die erste Geige spielen im Hernö Old Tom jedoch unmissverständlich die Zitrusaromen, die von sumpfigen Kräuternoten eskortiert werden (wofür eigentlich nur das Mädesüß infrage kommt). Der Wacholder dagegen tritt in den Hintergrund, ohne zu verschwinden. Die Zitronenbittere und die unaufdringliche Süße vertragen sich prächtig – ein entspanntes Zusammenspiel, das harmonischer kaum sein könnte. Puss & Mew, aber schnell!

Hernö Gin, Dala, Härnosand, Schweden

65_ The Illusionist Dry Gin

Das blaue Wunder

Abrakadabra Simsala-Gin!, haucht der Illusionist verheißungsvoll. Die Magie der Farben ist sein Sujet, und er ist: ein blaues Wunder. Ein solches steht auch in Dresden: Die Loschwitzer Brücke über die Elbe nennt der Volksmund »Blaues Wunder«, denn die 1893 fertiggestellte Hängekonstruktion soll ursprünglich grün gewesen sein. So stand es 1936 in den »Dresdner Nachrichten« – eine sächsische Zeitungsente, denn die angebliche Selbstumfärbung im Stile eines Chamäleons hat es nie gegeben. Sie war nichts als: eine Illusion.

Der Illusionist dagegen hat es wirklich drauf: Kornblumenblau rinnt er aus der Keramikflasche im hübschen Jugendstildesign. Verdünnt man ihn mit Wasser, wird er türkis. Mixt man ihn mit etwas Tonic, wird er violett, mit mehr blassrosa. Die Farbe stammt laut Maximilian Muggenthaler und Tim Steglich, die ihn seit Ende 2016 destillieren, von einer »blauen Blüte vom anderen Ende der Welt«. Es dürfte sich dabei um *Clitoria ternatea* – auch Blaue Klitorie, Schamblume oder Schmetterlingserbse – handeln. Der in den Tropen und Subtropen beheimatete Schmetterlingsblütler enthält Anthocyane, die in zahlreichen Pflanzen – Rotkohl et cetera – vorkommen und je nach pH-Wert die Farbe wechseln: Im basischen Milieu sind sie gelb bis grün, im neutralen blau, im sauren lila bis rot.

Geschmacklich ist der Beitrag der Blauen Klitorie zu vernachlässigen, die aromatische Alchemie des Illusionist wird von Lavendel bestimmt. Es mag eine Illusion sein, aber die violette bis rosa Färbung im Mix mit Tonic scheint die Lavendel-Aromatik nachgerade zu unterstreichen. Zweifelsohne kann der Illusionist nicht nur optisch zaubern, sondern weiß auch geschmacklich zu verzaubern. Blaukraut bleibt übrigens nicht immer Blaukraut, sondern heißt, wenn es auf saurem Boden wächst, Rotkohl. Wie wäre es mit Rotkohl-Gin?

The Illusionist Distillery, München, Bayern, Deutschland

Botanicals Wacholderbeeren, Angelikawurzel, Macis (Muskatblüte), Süßholz, Lavendel, Rosmarin, Kamille, frische Zitronen und Orangen sowie sieben Geheimzutaten

66 Isle of Harris Gin

Auf die inneren Orangenwerte kommt es an

Lewis and Harris ist die drittgrößte der Britischen Inseln, nur Großbritannien und Irland sind – selbstverständlich – größer. Der verwirrende Doppelname resultiert wahrscheinlich aus dem geografischen Janusgesicht der Insel. Das weitaus größere Lewis ist weitgehend flach, Harris im Süden bergig und dünn besiedelt – dazwischen liegt eine unwegsame Gebirgslandschaft. In Tarbert an der Landenge von Harris gibt es eine Fähre, aber das war es auch schon. Gischt von unten, Regen von oben und die Kargheit der Landschaft versprühen einen eigenwilligen Charme, und auf Harris verlieren sich gerade einmal 2.000 »Hearach«, wie sich die Inselbewohner nennen.

The Hearach heißt auch der Whisky, den die Isle of Harris Distillers im Herbst 2015 zu brennen begannen. Aber gut Single Malt will Weile haben, mindestens drei Jahre, und also beschäftigten sich die Brenner von den Äußeren Hebriden bald auch mit Wacholder und Co. Der Isle of Harris Gin wird im Kupferkessel »The Dottach« mit acht herkömmlichen Botanicals gebrannt. Zutat Nummer neun ist Zuckertang, der von Taucher Lewis Mackenzie in den Unterwasserwäldern vor der Küste geerntet wird und – nomen est omen – eine leicht süßliche Würze im Schlepptau hat.

Die »Meeresfrucht« bringt einen maritimen Touch ins Spiel, hauptverantwortlich für die Aromatik des Isle of Harris sind freilich Orangen, Süßholz und Zimt, die über den Verdacht erhaben sind, im rauen Klima der Hebriden zu gedeihen. Nicht bitter, sondern verführerisch zuckersüß, dabei ozeanisch frisch dominieren die Orangen, und erst mit einer gewissen Verspätung stemmt sich ein bemerkenswertes Gewürzkonzentrat als kongenialer Kontrapunkt dagegen. Sowohl hinsichtlich seiner äußeren Erscheinung als auch seiner inneren Orangenwerte ist der Harris kein sturmumtoster Eismeer-Gin, sondern ein freudestrahlender, sonnenverwöhnter, völlig entspannter Mittelmeerwacholder.

Isle of Harris Distillers, Tarbert, Outer Hebrides, Schottland

Botanicals Wacholderbeeren, Koriandersamen, Angelika- und Veilchenwurzel, Kubebenpfeffer, Süßholz, Cassiazimt, Bitterorangenschalen, Zuckertang

67_Jinzu Gin

And the winner is: Kirschblüte an Yuzu in Sake

Diageo sucht den Super-Schnaps: 2013 veranstaltete der Branchenriese den »Show Your Spirit«-Wettbewerb, in dem Barkeeper ihre Vorstellung von einer perfekten Spirituose vorstellen konnten. Dem Gewinner winkte die Realisierung der Idee unter dem Dach des Global Players. Vier Kandidaten – drei von der Jury, einer vom Publikum bestimmt – erreichten das Finale in Diageos »Innovationscenter«, wo sie eine Woche zusammen mit einem »Liquid Developer« an ihrer Idee feilten. Die Plätze zwei bis vier belegten: der Italiener Dennis Zoppi mit einem Brand aus weißem Tee, womit er Neuland betrat, die Britin Naomi Mason, die einen Whisky-Likör mit Vanille und Brombeeren ansetzte, und der Niederländer Fjalar Goud, in dessen Genever Tonkabohnen, Vanille und Hibiskus Eingang fanden.

And the winner is: Dee Davies, ihres Zeichens Bartenderin des »Red Light« in Bristol. Ihr Jinzu ist ein »East meets West«-Gin, dem Kirschblüten, die Zitrusfrucht Yuzu sowie Sake ein japanisches Gesicht geben. Die üblichen Verdächtigen – Wacholder, Koriander und Angelika – werden mazeriert, Kirschblüten und Yuzu erst kurz vor der Destillation zugegeben. Anschließend wird der Gin mit Junmai Sake verblendet und damit zum Jinzu.

Der Jinzu ist benannt nach dem Jinzū, einem Fluss in den Präfekturen Gifu und Toyama, der mit Tausenden Kirschbäumen gesäumt sein soll. Und fast möchte man Kirschblüten herausschmecken, ob das nun geht oder nicht. Der Jinzu ist extrem weich, cremig, buttrig, mandelig, marzipanig. Sake, der japanische Reiswein, mag dafür in nicht unerheblichem Maße seinen Beitrag leisten. Die Yuzu zeigt sich von ihrer Mandarinenseite und sorgt mit Koriander für raffinierte Zitrusnoten, elegant drängeln sich subtile erdige, würzige und bittere Töne dazwischen, doch der Clou sind die betörenden Fruchtaromen zwischen Litschi und Kirsche.

Diageo, London, England/Cameronbridge Gin Distillery, Windygates, Fife, Schottland

68___Ki No Bi
Kyōto Dry Gin
Nippons Erwachen aus dem Wacholder-Schlaf

Die ganze Welt war schon im Gin-Fieber, da lag Japan noch im Wacholder-Tiefschlaf. Mit deutlicher Verspätung schwappte die Welle der Gin-Renaissance nach Nippon. 2015 öffnete die Kyōto Distillery ihre Pforten und gehört damit zu den Pionieren im Land der aufgehenden Sonne. Der Ki No Bi – ein Ausdruck für die Schönheit der Jahreszeiten – ist durch und durch japanisch: vom Flaschendesign nach Art der uralten Papierdruckkunst Karakami über den Basisalkohol aus Reis und die Auswahl der Aromen bis hin zum weichen Wasser aus der Sake-Region Fushimi.

Doch, siehe, auch das ist nur scheinbar. Denn der Ki No Bi ist kein Import durch Japaner, sondern ein Export durch Engländer. Marcin Miller und David Croll, deren Japan-Connection bis in die Mitte der 1980er Jahre zurückreicht und die später zunächst schottischen Whisky nach Japan importierten, um dann japanischen nach Britannien zu exportieren, beschlossen 2014, in die Produktion zu gehen. Aber nicht Whisky, sondern das in Japan noch weitgehend unbeschriebene Blatt Gin küssten sie wach. Als Destillateur gewannen sie Alex Davies, zuletzt bei Cotswolds in Wiltshire, davor bei Chase in Herefordshire. Immerhin ist sein Assistent waschechter Japaner: der ehemalige Barkeeper Yoichi Motoki. Sie haben ihre Botanicals in sechs Kategorien (Basis, Zitrus, Kräuter, Gewürze, Früchte / Blüten und Tee) aufgeteilt, die separat gebrannt und dann verblendet werden. Der Ki No Bi ruht auf einem Bett feinster Kräuterherbe und Wacholderbittere, die geduldig die Zunge massieren. Das eigentlich Interessante sind jedoch die fruchtigen Töne, die von Litschi und Birne bis Mandarine und Bitterorange reichen – verantwortlich dafür dürften allerdings nicht Bambusblätter und das Kraut Shiso (Kategorie Früchte / Blüten) sein, sondern die komplexaromatische Yuzu (Kategorie Zitrus).

Kyōto Distillery, Kyōto, Japan

Botanicals Wacholderbeeren, Veilchenwurzel, Hinoki-Holz (japanische Zypresse), Sanshō-Pfeffer (Blüten, Sprossen und Körner), Ingwer, Bambusblätter, Rote Perilla (Shiso), Gyokuro-Tee, Yuzu- und Zitronenschalen

69 __ Krater Noster
Bavarian Dry Gin
Der Gin aus dem Asteroidenregen

Vor 14,5 Millionen Jahren rasten ein großer Asteroid und sein kleinerer Trabant auf die Erde zu, schlugen am nordöstlichen Rand der heutigen Schwäbischen Alb ein und erzeugten zwei Krater mit 25 und vier Kilometern Durchmesser: das Nördlinger Ries und das Steinheimer Becken. Im Ries liegt das Örtchen Alerheim, dessen Geschichte bis ins 8. Jahrhundert belegt ist. 1621, drei Jahre nach Ausbruch des Dreißigjährigen Kriegs, erhielt Caspar Beck von der Gräflichen Herrschaft Oettingen das Bierbraurecht. 1645, drei Jahre vor dem Ende des Dreißigjährigen Kriegs, verwüsteten die französisch-alliierte Armee und die bayerisch-kaiserlichen Truppen den Ort völlig, und der Wiederaufbau dauerte bis ins 18. Jahrhundert. Die Nachfahren Becks brauten über die Jahrhunderte weiter, allerdings werden Vollbier, Weizen und Co. aufgrund der Übermacht der großen Braukonzerne heute im Fürstlichen Brauhaus zu Wallerstein aufgesetzt. Der aktuelle Stammhalter, Karl-Friedrich Scheible, verlegte sich auf Spirituosen – zunächst 2013 mit dem Kraterfeuer, einem »minzig-feurigen« Kräuterlikör, dann, seit Dezember 2015, mit dem Krater Noster.

Für ihren Gin pflücken die Scheibles wilde Wacholderbeeren in mühsamer Handarbeit in der rauen Rieser Heide am Rande des Kraters. Er hat 46,9 Umdrehungen, weil der Wennenberg inmitten des Rieskraters 469 Meter über dem Meeresspiegel liegt. Der kräftige Wacholder spielt eindeutig die erste Geige. Würzig-süßlich zum Auftakt, will das vollmundige Aroma des Krater Noster nicht verebben und wird im Ausklang immer herber, bitterer und würziger. Zurückhaltung ist seine Sache nicht, und folgerichtig heißt sein Motto: »Volle Beere voraus!« Ein klassischer, rustikaler, konservativer, wacholderstolzer Gin, der locker mit den großen Gewächsen aus England und aller Welt mithalten kann.

Krater Spirits / Scheible Bräu & Spirituosen, Alerheim, Bayern, Deutschland

Botanicals Wacholderbeeren, Koriandersamen, Angelikawurzel, Kardamom, Rosmarin, Rhabarberwurzel, Birnen, Zitronen- und Orangenschalen (möglicherweise weitere Geheimzutaten)

70___Leopold's American Small Batch Gin

Yin, Yang und Aldo – Wacholder, Zitrus und grollende Gewürze

Manchmal sind Brüder wie Yin und Yang – sie passen in ihrer Verschiedenheit perfekt zusammen. Todd Leopold lernte das Bierbrauen am Siebel Institute in Chicago, an der Doemens-Akademie in München und bei vier bayerischen Brauereien, dann in Lexington, Kentucky, auch die Kunst des Destillierens. Bruder Scott studierte an der Northwestern University in Illinois sowie der Stanford University in Kalifornien Ökonomie und Ingenieurwissenschaften. Nach seinem Abschluss als Umweltingenieur spezialisierte er sich auf die Planung umweltfreundlicher, energieeffizienter, emissionsarmer Fabrikanlagen. 1999 gründeten Yin-Todd und Yang-Scott in Ann Arbor, Michigan, die Brauerei Leopold Bros. und begannen bald auch zu brennen. 2008 erklärten sie die Lehr- und Wanderjahre für beendet und kehrten in ihre Heimatstadt Denver zurück, gaben das Brauen auf und bauten eine ökologisch von A bis Z perfekt durchdachte Destillerie. Großvater Aldo Leopold war übrigens ein Gründervater der amerikanischen Naturschutzbewegung – der Apfel fällt nicht weit vom Stamm.

In der Kathedrale des Öko-Ingenieurwesens und der Destilliermeisterschaft machen Todd und Scott alles selbst, also nicht nur das Gären, Brennen und Reifen, sondern schon das Mälzen, Mahlen und Maischen. Für Leopold's American Small Batch Gin werden die Botanicals einzeln mazeriert, destilliert und verschnitten, um die Aromatik exakt zu justieren. Er schmeichelt dem altenglischen Wacholdergaumen – herrlich harzig – genauso wie der amerikanischen Zitruszunge – mit kalifornischen Pampelmusen und floridianischen Valencia-Orangen. Für seinen Charakter sind aber eindeutig die Gewürze ausschlaggebend: ein tiefschürfendes Grollen von Koriander, Kardamom und erdigen Wurzeln, das die vordergründigen Wacholder- und Zitrusaromen mächtig von hinten aufrollt.

Leopold Brothers Distillery, Denver, Colorado, Vereinigte Staaten

71__Linden No. 4 Dry Gin

Die phantastische Reise zum Mittelpunkt der Erde

Dave Richard Linden erblickte 1862 in Hereford das Licht der Welt. Nachdem er 1891 sein Studium der Alchemie an der Universität von Cambridge mit Bravour abgeschlossen hatte, heiratete er seine große Liebe Rose und übernahm das Labor seines Onkels, Sir Patrick Linden. Doch das Glück war nur von kurzer Dauer: Ein verheerender Brand vernichtete nicht nur das Labor, sondern machte Linden auch zum Witwer. Nach einer Odyssee über Dover, Amsterdam, Hamburg, Berlin (wo er mit seinem alchemistischen Wissen eine Epidemie verhinderte), Leipzig, Paris und Brüssel kam er im Sommer 1899 nach Köln und erfand eine heilsame Kräutertinktur, die sich in der Domstadt ob ihres ausgezeichneten Geschmacks bald auch im nächtlichen Amüsement zunehmender Beliebtheit erfreute. Nach seinem Tod wurde eine der zentralen Verkehrsadern der rheinischen Metropole zu seinen Ehren in Lindenstraße umbenannt.

Malte Böttges, Dennis Busch, Stefan Peters und Marc Schmidt, vier Jugendfreunde aus Kempen am Niederrhein, hoben im Sommer 2017 den Linden No. 4 Dry Gin aus der Taufe. Die Story von Dave Richard Linden haben sie frei erfunden. An der Lindenstraße betreiben Böttges und Busch die »Kölschbar«, wo man in gemütlicher Atmosphäre kickern, Fußball schauen und – Überraschung – Kölsch trinken kann. Und in der Lindenstraße 4 haben die Veedel Distillers ihre Kölner Anschrift. Gebrannt wird der Linden allerdings in Kempen, in der Wackertapp-Mühle von St. Hubert. Peter Day widmet sich dort vorwiegend Edelbränden und -geisten, ist aber auch in Sachen Wacholder unterwegs. Der Linden No. 4 – dreist ohne Engelwurz, Zitrusschalen und Lindenblüten gebrannt – besticht durch seine Wacholderbittere, Kardamomwürze und Johannisbeersäure, umgarnt von gar nicht zimperlichen Blüten, und brilliert mit einem weichen Mandel- und Marzipanaroma.

Veedel Distillers, Kempen/Köln, Nordrhein-Westfalen, Deutschland

72_ The London No. 1 Original Blue Gin

Die falsche Gardenie

Die Nummer eins unter den Londonern ist ein wenig undurchsichtig. Irgendwo zwischen Neontürkis und Swimmingpoolblau rekelt er sich in der Flasche. Sein blasser Teint wird im Glas noch einmal heller, ohne ganz zu verduften. Es könnte dies sein mediterraner Touch sein, denn er wird zwar in Clapham, London, gebrannt, gebrandet und vertrieben allerdings von der spanischen Sherry-Bodega González Byass aus Cádiz. Immer wieder wird für den aparten Schimmer die separate Destillation von Gardenien oder die nachträgliche Infusion mit Blütenextrakt verantwortlich gemacht. Gardenien blühen weiß, trotzdem wird aus ihnen »Wongsky« gewonnen. Der Farbstoff wird seit Jahrtausenden in der Seidenfärberei verwendet, ist allerdings weder türkis noch blau, sondern orange, safranfarben, ein Carotin. Möglicherweise ist an der türkisen Strahlung also etwas anderes schuld. Wie dem auch sei, das Etikett bekennt, in der Flasche befinde sich »Distilled Gin mit Farbstoff«.

Der No. 1 Original Blue Gin duftet keineswegs floral, sondern merklich scharf, was auf seine 47 Prozent zurückzuführen sein könnte. Pur ist er ein wenig seifig, eukalyptisch, mentholig. Seine Aromatik ist insgesamt zurückhaltend, ja, schüchtern. Der Wacholder sorgt für nicht mehr als eine gewisse Grundbittere, begleitet von sanft-kräuterigen, mild-zitronigen, schwach-pfeffrigen und blumig-süßen Noten von freilich homöopathischer Dosierung. Bohnenkraut bringt herbe Aromen ein, die Bergamotte einen Touch von Earl Grey, beiderlei Zimt und Süßholz sind für die lieblichen Zwischentöne zuständig.

Definitiv ein Gin für die gute, alte Tea Time, möchte man denken, doch seine balsamisch-frische Light-Aromatik und sein 80er-Jahre-Neon-Look zielen zweifelsohne auf ein moderneres, jüngeres Publikum, dem gar nicht genug Farbe im Spiel sein kann.

Thames Distillers/Timbermill Distillery, London, England

73 Malfy Gin Con Limone

Wenn bei Amalfi die rote Sonne im Meer versinkt

Ferrero di Riccardo, ein 1906 in Moncalieri bei Turin gegründetes Familienunternehmen, das vor allem in Vermouth, Likör und Aperitif machte, wurde in den 1960er Jahren vom kanadischen Branchenriesen Seagram gekauft. 1992 erwarb Carlo Vergnano, seinerzeit ein hohes Tier bei Seagram Italia, die Brennerei per Management-Buy-out und machte sie wieder zum Familienunternehmen – mit seiner Frau Piera und seiner Tochter Rita sowie den beiden Destillateuren Denis Muni und Beppe Ronco.

Grappa, Brandy, Liköre – das Sortiment von Torino Distillati ist breit gestreut. Dazu gehören auch vier Gins unter dem Markennamen Malfy, der wacholderzentrierte, anisstarke, ingwerfrische »Originale« sowie drei zitrusgetränkte Variationen: »Con Arancia« mit sizilianischen Blutorangen, »Gin Rosa« mit Pink Grapefruit und Rhabarber sowie »Con Limone« mit Sfusato Amalfitano, Zitronen von der Amalfiküste.

Für den Malfy Gin Con Limone werden sizilianische und amalfitanische Zitronen in Weizenalkohol eingelegt und mit einer Kelter gepresst. Dann erst werden Wacholderbeeren aus der Toskana sowie die weiteren Botanicals darin mazeriert und in einer Niedrigtemperatur-Vakuumdestille extrahiert. Durch das Pressen der Zitronen, die zusätzliche Gabe von Grapefruit und Orangen sowie die Destillation bei niedrigen Temperaturen wird die Zitrusaromatik enorm stark – sie reicht von Zitronensorbet bis Lemon Curd, um mit der Zeit »dunkler«, »tiefer« zu werden und in Richtung Mandarine, Kaki oder Kumquat zu gehen.

Pur ist der Malfy Con Limone rasiermesserscharf, dafür freilich aber auch nicht gedacht, sondern für den Mix gemacht, in dem auch Nebentöne – von Pfeffer über Anis bis Vanille – zu ihrem Recht kommen. Der Malfy ist eine herrliche Erfrischung, ob bei Capri die rote Sonne im Meer versinkt oder sie einem an der Riviera brennend heiß den Nacken versengt.

Torino Distillati, Moncalieri, Piemont, Italien

74 Martin Miller's Westbourne Strength Gin

Mit allen isländischen Wassern gewaschen:
der Gurkengletscher

Martin Miller war ein wahrer Tausendsassa: Der Bonvivant, Connaisseur und Dandy wirkte als Fotograf, Konzertveranstalter und Hotelier, machte sich einen Namen durch Antiquitäten-Preisführer und gründete einen Salon der Künste und Wissenschaften. Als er mit David Bromige und Andreas Versteegh vor drei Gläsern Gin saß, blieb die entsprechende Schnapsidee nicht aus. 1999 kam Martin Miller's Gin auf den Markt, als noch niemand die Gin-Renaissance ahnte, zu deren großen Pionieren Miller zweifelsohne gehört.

Martin Miller's Gins entstehen im Wesentlichen in der Langley Distillery, der englischen Goldschmiede des Wacholders. Zwei Destillate werden in »Angela«, einer Kupferblase von John Dore aus dem Jahr 1903, gebrannt: eines mit Wacholder und den weiteren Gewürzen und Wurzeln, eines mit den drei Zitrusfrüchten. Zehn Tage werden sie anschließend vermählt, um dann auf Hochzeitsreise zu gehen, und zwar in den hohen Norden, nach Borgarnes in Island. Dort wird der Gin mit einer Gurkenessenz geimpft, die ihn extra dry macht, und mit klarstem Gletscherwasser auf Trinkstärke gebracht.

Martin Miller's Gin (40 %) und die Westbourne Strength (45,2 %) – benannt nach Westbourne Grove in London, wo die Idee entstand – werden auf die gleiche Art und Weise hergestellt, aber sowohl die Dosierung der Botanicals als auch das Mischungsverhältnis der Destillate differieren im Detail. Schon Martin Miller's Gin ist der vollmundigste Gurkengletscher, den man sich vorstellen kann, aber die Westbourne Strength legt locker noch mal einen drauf. Holziger Wacholder, bittere Orangen, staubtrockenes Süßholz, pfeffriger Zimt und arktische Gurke verdichten sich zu einem einzigartigen Aromenkonzentrat erster Kajüte. An klassischen Idealen geschult, ist Martin Miller's zugleich ein Flaggschiff der Gin-Moderne.

Martin Miller's Gin, London/Langley Distillery, Oldbury, West Midlands, England

75 Mascaró 9 Gin

Juniperus communis allein zu Haus

»*Gin* ist eine Spirituose mit Wacholdergeschmack, die durch Aromatisieren von Ethylalkohol landwirtschaftlichen Ursprungs […] mit Wacholderbeeren *(Juniperus communis L.)* gewonnen wird. […] Bei der Herstellung von *Gin* dürfen nur natürliche und/oder naturidentische Aromastoffe […] verwendet werden, wobei der Wacholdergeschmack vorherrschend bleiben muss«, heißt es in der EU-Verordnung Nr. 110/2008 vom 15. Januar 2008. Oder kürzer: Es dürfen auch andere Botanicals verwendet werden, aber Alkohol plus Wacholder, das ist Gin.

Natürlich würde niemand darauf kommen, Gin bloß mit Wacholder und sonst nichts zu aromatisieren. Niemand? Doch, klar, auch das gibt es. Atom Brands / Masters of Malt haben die »Origin Gins« herausgegeben, nur mit Wacholder aus Italien, Kroatien, Serbien, Nordmazedonien, Albanien, Bulgarien, Rumänien – und, und, und –, um Gin-Extremisten die Möglichkeit zu geben, verschiedene Sorten von unterschiedlichen Böden (»Terroirs«) vergleichen zu können; mitgeliefert werden Botanical-Essenzen, mit denen man nachwürzen kann. Und auch Bendistillery's Crater Lake Gin aus Oregon, der Single Botanical Gin (alias Juniper Vodka) von Williams Chase und der Sacred Juniper Gin aus England oder der Xoriguer Mahón Gin sind mit Wacholder allein selig.

Der König der Wacholder-only-Gins ist Katalane: Narciso Mascaró Marcé gründete die Destillerie 1946, sein Sohn Antoni brannte bereits den Mascaró 9 – eine Familientradition, die Montserrat Mascaró gerne fortführt. Der hundertprozentige Wacholdergin zeigt vor allem den harzig-würzigen Charakter von *Juniperus communis*, ohne die fruchtig-beerigen Aspekte ganz zu verschweigen – Wacholder in höchster Ginzentration. Ein Anflug von Pfeffer, ein Hauch Eukalyptus und eine Brise Zitrus hat der delikate Mascaró 9 ebenfalls im Tornister – und zeigt damit, wie vielseitig und vielschichtig der gemeine Wacholder sein kann.

Antonio Mascaró S. L., Vilafranca del Penedès, Katalonien, Spanien

76 Mikkeller Spirits Botanical Gin

Der Bierphantast im Wacholderuniversum

Mikkel Borg Bjergsø braut Bier. Aber kein gewöhnliches Bier. Und er ist auch kein normaler Brauer. Alles, nur das nicht. Bjergsø ist ein, nein, *der* Kuckucks-, Phantom- oder Gypsy-Brauer. Das heißt, er hat keine eigene Brauerei, sondern vagabundiert um den Bierglobus und braut mal hier, mal da. Mikkeller ist eine, vielleicht *die* Ikone der Craft-Beer-Bewegung. Ob Sauerbier mit Passionsfrucht oder Pale Ale mit geräucherten Chilis, Stout mit Katzenkaffee oder Frühstücksbier mit Vanille – keine Idee ist dem Bierphantasten zu abwegig.

Auch die Destilleri Braunstein war ursprünglich ein »Bryghuset«, ein Brauhaus. Aber weil die Brüder Claus und Michael Braunstein leidenschaftlich gerne angeln, und das nur ungern ohne Whisky, legten sich die Nachwuchsbrauer 2006, nur ein Jahr nachdem sie erstmals vom eigenen Jungbier genascht hatten, auch eine »Mikro Destilleri« zu. Im beschaulichen Hafenstädtchen Køge, ein paar Kilometer südlich von Kopenhagen, brauen, nein, brennen die Braunsteins die Mikkeller Spirits: Calvados, Rum, Whisky, Wodka und Gin.

Wenn Brauer sich zusammentun, um Gin zu brennen, kann es nicht ausbleiben, dass unter den Botanicals Hopfen zu finden ist. Mikkeller ist berühmt für seine mit Aromahopfen – wie Nelson Sauvin, Cascade oder Sorachi Ace – reichhaltig »gestopften« Biere. Für den Botanical Gin hat er Simcoe ausgewählt, einen sehr aromatischen Hopfen, der einerseits deutlich harzig schmeckt, andererseits ein starkes Fruchtaroma mit sich bringt, das irgendwo zwischen reifer Mango und fauligem Apfel changiert. Neben Simcoe und Wacholderbeeren gehören allem Anschein nach Angelikawurzel, Kardamom, Zitronengras und Orangen zu den Botanicals des Mikkeller, bei dem Kräuter, Hopfen und grüne Gewürze die erste Geige spielen, gefolgt von einer steifen Zitrusbrise, Wacholder, Pfeffer und einer ausdauernden Bittere.

Mikkeller Spirits/Braunstein Mikro Destilleri, Køge, Sjælland, Dänemark

77 Monkey 47
Schwarzwald Dry Gin
Der Langschwanzmakak in der verstaubten Kiste
vom Dachboden

Einer der Königswege, um einen Gin zu vermarkten, ist die Münchhausiade, mit der sich hoffnungsfrohe Jungbrenner auf eine »uralte Tradition« berufen oder ein lange verschwundenes, dann plötzlich wiederentdecktes Familienrezept zurechtspintisieren. Der Klassiker eines solchen Marketings qua Storytelling ist die Novelle von Max the Monkey. Die Kurzfassung: Der Diplomatensohn, Fliegeroffizier und Weltenbummler Montgomery Collins kommt im Juni 1945 in den britischen Sektor Berlins. Erschüttert von der Zerstörung der Stadt, engagiert er sich für den Wiederaufbau und übernimmt die Patenschaft für einen Langschwanzmakaken des Berliner Zoos. 1951 zieht er in den Schwarzwald, um das Uhrmacherhandwerk zu erlernen, und eröffnet den Landgasthof »Zum wilden Affen«. In den 1960er Jahren verlieren sich seine Spuren, ein knappes halbes Jahrhundert später findet sich auf dem Dachboden eine verstaubte Kiste, darin eine Flasche mit der Aufschrift »Max the Monkey – Schwarzwald Dry Gin« sowie das Rezept.

Ex-Manager Alexander Stein und Ex-Verleger Christoph Keller haben nicht nur die beste Story, sondern auch einen der besten Gins. Autodidakt Keller brannte in seiner Stählemühle bei Eigeltingen, unweit des Bodensees, ab 2005 vor allem Edelobstbrände. Von 2008 bis 2010 entwickelte er den Monkey 47, mit ebenso vielen Volumenprozent wie Botanicals, den er wie seine Obstbrände denkt und der folglich kein bisschen in die Nase sticht und schon pur perfekt mundet – anders als der Großteil seiner Artgenossen. Die 47 Botanicals, von denen rund ein Drittel aus dem schwärzesten aller Wälder stammt, bilden einen philharmonischen Chor erlesenster Güte. Bittere, herbe, würzige, pfeffrige, kräuterige, beerige, fruchtige, zitronige, frische, florale, liebliche Noten bilden einen komplexen Klangkörper ohne jede Dissonanz.

Black Forest Distillers, Loßburg, Baden-Württemberg, Deutschland

Botanicals Wacholderbeeren, Koriander- und Angelikasamen, Veilchenwurzel, Fichten-
sprossen, Kardamom, Zimt, Cassiazimt, Kubebenpfeffer, Paradieskörner, Bisamkörner,
Piment, Salbei, Gewürznelken, Muskatnuss, Mandeln, Ingwer, Süßholz, Kalmuswurzel,
Lavendel, Eisenkraut, Kamille, Hunds- und Hecken-Rose, Hagebuttenschalen, Preisel- und
Weißdornbeeren, Schlehen, Brombeerblätter, Holunder, Akazien-, Eibisch-, Goldmelisse-,
Jasmin-, Geißblattblüten, Zitronengras, Zitronenmelisse, Zitronenverbene, Bitterorangen,
Kaffirlimetten, Pomelos, Zitronenschalen und fünf Geheimzutaten

78 Mother's Ruin Sloe Gin

Saftige Schlehenbeeren mit samtigem Zwetschgenröster

Die Gin Craze, die England im 18. Jahrhundert in eine soziale Krise stürzte, endete, nachdem 1751 endlich ein erfolgreiches Gesetz gegen die Gin-Epidemie erlassen wurde. Zuvor hatten sich die Schriftsteller Henry Fielding und Daniel Defoe für grundlegende Reformen eingesetzt, am bekanntesten aber wurde die Intervention des Malers William Hogarth. Sein Stahlstich »Gin Lane« zeigt eindrücklich die Folgen maßlosen Konsums. Im Zentrum des Bilds sieht man eine junge, verwahrloste Frau in zerrissener Kleidung und mit syphilitischen Wunden an den Beinen. Im Vollrausch lässt sie ihr Kind aus den Armen und offensichtlich in den Tod fallen. Keine künstlerische Übertreibung, sondern möglicherweise ein Bezug auf die Tagesmutter Mary Estwick, die 1736 im Gin-Koma ein ihr schutzbefohlenes Kind ins Feuer hatte fallen lassen. Mehr Mother's Ruin geht nicht!

Für Sloe Gin werden Schlehenbeeren und Zucker mit Gin angesetzt, nach einigen Monaten gefiltert – fertig ist der Schlehenlikör. Er ist nach europäischem Recht kein Gin, sondern ein Likör, darf sich aber trotzdem Sloe Gin nennen. Viele namhafte Hersteller, ob Plymouth oder Sipsmith, Elephant oder Monkey, haben einen roten Likör im Angebot. Die Früchte der Schlehe werden üblicherweise zu Winteranfang, nach dem ersten Frost, geerntet. Optisch eine Kreuzung aus Wacholder- und Heidelbeere, schmecken sie eindrücklich nach Pflaumen.

Mother's Ruin Sloe Gin wird angesetzt von »Mother's Ruin Gin Palace«, einer alternativen Cocktailbar, die in einem Munitionsfabrikgebäude aus dem Ersten Weltkrieg in Walthamstow im äußersten Nordosten Londons beheimatet ist. Er hat alles: Wacholder, eine feine Bittere, eine nicht zu aufdringliche Süße, eine milde Säure – und herrlich vollmundige Zwetschgenaromen. Nix Muttis Ruin, sondern die fruchtig-samtigste Verführung seit der ersten Blüte der Schlehen.

Mother's Ruin, London, England

79__Napue Gin

Der G'n'T-Gin aus der Roggensauna

Wo man wohl in Finnland auf die Idee kommt, Schnaps zu brennen? Natürlich in der Sauna, wo sonst. Auf 5,5 Millionen Finnen kommen 1,5 Millionen Saunen, da bleibt eigentlich gar keine Zeit, sich außerhalb aufzuhalten, abgesehen von der Abkühlung im Eisbad. Fünf Jungs, mit so schönen und schön ähnlichen Namen wie Miko, Mikko und Miika, dazu Jouni und Kalle, saßen dereinst im muckelig Warmen, verkloppten sich selbst oder gegenseitig mit Birkenzweigen und tranken sich einen. Oder zwei. Oder drei. Und zwar Roggen-Whisky. Aber keinen finnischen, sondern von sonst woher. Nach flinker Recherche ergab sich, dass im Roggenland Nummer eins überhaupt niemand Whisky aus Roggen brannte. Also lautete der Beschluss: selbst ist der Mann und finnischer Roggenschnaps ein Muss!

In einer alten Molkerei installierten die fünf Kyrös eine schwäbische Hybrid-Brennblase, sowohl Pot als auch Column Still, aus dem Hause Kothe und legten los. Und weil ein Single Malt sich bekanntlich ein paar Jahre ausruhen muss, bis er zu erfreuen weiß, verlegten sie sich zügig auch auf Gin, natürlich auf Roggenbasis.

Zwölf getrocknete und vier frische Botanicals, vier Lokalmatadoren sowie einige Unbekannte, darunter sicherlich die üblichen Verdächtigen, tragen ihren Teil bei. Pur ist der Napue eine atemberaubende Pfeffer-Minze-Zitrus-Kanone, ohne auch nur eine Spur alkoholisch zu beißen. In Tonic findet er tatsächlich seine Bestimmung: Der nicht süß-, sondern bittermalzige Roggenkörper ist ideal, um sich im Mix verlustlos gegen das Chinin durchzusetzen – der Napue ist dominant, sehr klar und sehr deutlich in seinem Ausdruck. Herrlich ausdauernd massieren trockener Wacholder, schmirgelnde Gewürze und erfrischende Zitronen die Geschmacksknospen und Gaumensegel. Preiselbeeren und Sanddorn zeichnen für herb-fruchtige Noten verantwortlich, während die Birkenblätter für die gute Laune in der Roggensauna sorgen.

Kyrö Distillery Company, Isokyrö, Österbotten, Finnland

80__Nginious! Vermouth Cask Finished Gin

Der fassgereifte Martini

Wer hat's erfunden? Die Schweizer, natürlich. Das erste Projekt des deutschen Exilanten Oliver Ullrich, seiner Frau Iris Menne-Ullrich und des Original-Eidgenossen Ralph Villiger war die Wein- und Ginbar »4 Tiere«. Doch der Ausschank allein macht nicht glücklich, also beschlossen sie, selbst Gin zu brennen, mit schweizerischer DNA. Oder auf Neu-Schwyzerdütsch: mit viel Swissness. So typisch wie Schweizer Käse, Messer und Uhren.

Die Nginious!-Gins wurden zunächst bei Hans Erismann im Zürcher Unterland gebrannt, seit 2017 in der eigenen Destillerie in der Basler Aktienmühle. Der Swiss Blended Gin, dessen Flasche das Schweizerkreuz ziert, fängt die Kräuteraromen ganzer Bergwiesen ein. Die 18 Botanicals werden dafür in vier Gruppen aufgeteilt, die separat gebrannt werden: erstens Wacholder, Berberitze und Lorbeer, zweitens die Zitrusfrüchte plus Kardamom, drittens Süßholz und viertens die zehn Blumen, Blüten, Blätter und Wurzeln, die ihm einen unverkennbaren Schweizer Dialekt verleihen. Anschließend werden mehrere Chargen Wacholderdestillat verblendet, ebenso wird mit den Zitrus- und Kräuterdestillaten verfahren. Erst danach werden die vier Aromafraktionen vermählt und ruhen anschließend ein paar Wochen, um sich anfreunden zu können.

Der Swiss Blended wird zum Vermouth Cask Finished Gin durch eine schweizerisch-italienische Kooperation. Roberto Bava vom Weingut Giulio Cocchi im Piemont füllt dafür seinen Vermouth di Torino für ein halbes Jahr in Fässer, in denen zuvor der hauseigene Barolo gereift hatte. Nach dem Auszug des Wermuts macht es sich der Swiss Blended Gin für acht Wochen gemütlich und wird sozusagen zum fassgereiften Martini. Er ist ein echter Wermutstropfen, in dem die dominanten Bergkräuteraromen mit einem deutlichen harzig-holzigen Vermouth-Akzent sprechen.

Liquid Spirit Distillery, Basel, Schweiz

Botanicals Wacholderbeeren, Veilchen- und Silberdistelwurzel, Berberitzen, Lorbeerfrüchte, Kardamom, Süßholz, Galgant, Heublumen, Rotkleeblüten, Goldmelisse, Zitronenverbene, Ysop, Kamille, Schwarze-Johannisbeer-Blätter, Zitronen- und Orangenschalen, frische Grapefruits

81 Nikka Coffey Gin

Der grüne Apfel von Sendai

Der Ire Aeneas Coffey, 1780 in Frankreich geboren, 1852 in England verstorben, spielte eine nicht ganz unwichtige Rolle in der Geschichte der Destillation. Er war ein hoher Steuerbeamter, zuständig auch für die Bekämpfung der Schwarzbrennerei. Aus der Praxis kommend, formulierte er Gesetzesvorlagen, um das legale Brennen zu erleichtern und das illegale zu erschweren. Nachdem er 1824 auf eigenen Wunsch aus dem Dienst ausgeschieden war, ging er unter die Ingenieure und verbesserte 1830 die von Anthony Perrier (1822) und Robert Stein (1828) eingeführte kontinuierliche Destillation. Während man beim diskontinuierlichen Brennen, im Pot-Still-Verfahren, Portion um Portion destilliert, kann im Säulenbrennverfahren am laufenden Band und damit deutlich effizienter produziert werden. Die Columns Still heißt zu des Iren Ehren auch Coffey Still.

Masataka Taketsuru ging 1918 nach Schottland, um alles über Whisky zu lernen, kehrte 1920 mit seinem Wissen sowie schottischer Ehefrau zurück nach Nippon, brannte den ersten japanischen Whisky und gründete 1934 in Yoichi auf Hokkaidō, dem Schottland Japans, Nikka. 1969 kam die Miyagikyo-Destillerie bei Sendai hinzu, wo seit Sommer 2017 der Coffey Vodka sowie der Coffey Gin gebrannt werden, selbstredend in Coffey Stills.

Im Nikka Coffey Gin tummeln sich gleich sechs Zitrusfrüchte – darunter die vier Japaner Yuzu, Kabosu, Amanatsu und Shequasar –, aber er ist kein ausgesprochener Zitrus-Gin. Vielmehr stehen grüne Äpfel mit ihrer spritzigen Säure markant im Mittelpunkt. Dagegen steht keine Bittere, sondern eine delikate grünzitrische Herbheit, zu der Wacholder zwar einen Hauch Eukalyptus beiträgt, unter dem Strich jedoch diskret im Hintergrund bleibt. Definitiv kein Gin für Wacholderfanatiker, umso mehr einer für entdeckungsfreudige Gin-Ästheten.

The Nikka Whisky Distilling Company, Yoichi, Präfektur Hokkaido / Sendai, Präfektur Miyagi, Japan

Botanicals Wacholderbeeren, Koriandersamen, Angelikawurzel, Japanischer Pfeffer, Äpfel, Zitronen- und Orangenschalen, Yuzu, Kabosu, Amanatsu und Shequasar

82 Old English Gin

Altenglischer Hammer: Old Tom im Champagnerkristall

Henrik Hammer war schon lange in der Gin-Szene unterwegs – hielt Seminare, leitete Tastings und war Punktrichter, etwa bei der »International Wine and Spirit Competition«. Seine Mutter hatte eine Bar in Kopenhagen, sein Vater war Chemiker in der Lebensmittel- und Parfumindustrie – Spezialgebiet: ätherische Öle. Hammer & Son tüftelten jahrelang an ihrem Gin, und Geranien schienen sowohl dem chemisch Hochgebildeten als auch dem Gin-Enthusiasten ein perfektes Schlüssel-Botanical. Als der Geranium Premium London Dry Gin das Licht der Welt erblickte, hatte Hammer sen. das seine bereits ausgehaucht.

Mit dem Old English Gin setzte Sohn Henrik seinem Vater ein Denkmal – auf den vier Hämmern des Etiketts steht sein Vorname: Hudi. Hammers Gin nach alter Art wird mit vier Gramm Zucker pro Liter gesüßt und ist folglich nichts anderes als ein Old Tom Gin. Elf Botanicals finden Verwendung, zehn werden beim Namen genannt, die »geheime« Nummer elf findet sich – offensichtlich und gut verborgen zugleich – auf dem Etikett: Über dem Schild prangt der stilisierte Querschnitt der Kapselfrucht des Kardamoms. Um den Old English Gin perfekt zu balancieren, destilliert Henrik Hammer das intensive Gewürz separat.

Dass der Altenglische nach einem altenglischen Rezept von 1783 gebrannt wird, glauben wir einfach mal (natürlich nicht wirklich). Dass er in der famosen Langley Distillery bei Birmingham angesetzt wird, um dann in der Thames Distillery zu London abgefüllt zu werden, steht jedenfalls fest. In der Nase geben Zitrusaromen den Ton an, um dann dem Wacholder mehr und mehr Raum zu gewähren. Kaum merklich ist die Old-Tom-Süße, dafür kommen die Herbe des Wacholders, die frische Bittere der Zitrusschalen sowie die perfekt vermählten und unaufdringlich dosierten Gewürze klar und ohne Misstöne zur Geltung.

Hammer & Son Ltd., Frederiksberg, Hovedstaden, Dänemark / Langley Distillery, Oldbury, West Midlands, England

Botanicals Wacholder, Koriandersamen, Angelika- und Veilchenwurzel, Zimt, Cassiazimt, Süßholz, Muskatnuss, Kardamom, Zitronen- und Orangenschalen

83 Plymouth Gin

*Die Pilgerväter und der hochseetaugliche Gin
der schwarzen Mönche*

Parmigiano Reggiano, Allgäuer Emmentaler oder Wein aus dem Bordeaux – von europäischem Recht geschützte Herkunfts- und Ursprungsbezeichnungen sind Legion. Und weil auch Ardenner Schinken, kretisches Olivenöl und Maronen aus Venetien eitel sind, ufert das kulinarische Weltkulturerbe bedenklich aus. Die Herkunft von 14 Wacholderspirituosen aus den Niederlanden, Belgien, Deutschland, Litauen und der Slowakei ist per EU-Siegel geschützt. Dazu gehören allerdings nur zwei Brände aus der englischen Gin-Tradition, nämlich der menorquinische Gin de Mahón sowie jener aus Plymouth an der Südwestspitze Englands. Und weil es dort nur eine Destillerie gibt, darf sich Plymouth Gin allein der Plymouth Gin nennen.

1431 gründete der Orden der Dominikaner in der Hafenstadt ein Kloster, das 1536 zum Gefängnis umgewidmet wurde und in dem 1620 die Pilgerväter nächtigten, bevor sie auf der »Mayflower« in See stachen, um gut zwei Monate später am Cape Cod, Massachusetts, anzulanden und die Plymouth Colony zu gründen. Zwischenzeitlich ein Auffanglager für hugenottische Flüchtlinge, wurde das alte Kloster noch einmal umfunktioniert, nämlich zur Brennerei der schwarzen Mönche, der Black Friars Distillery. Bis heute wird der Plymouth Gin dort gebrannt, und auf seinem Etikett segelt die »Mayflower« noch immer – keine Gin-Destillerie ist älter.

Der Plymouth dürfte sich London Dry Gin nennen, verschmäht den Titel jedoch nicht ohne Stolz. Knapp zwei Jahrhunderte lang belieferten die schwarzen Mönche die britische Admiralität, weswegen die hochprozentige Version (57 % vol.) »Navy Strength« heißt. Wacholder vor dem Bug, eine steife Brise Orange in den Segeln und die exotische Würze des Kardamoms am Heckruder machen ihn zu einem der angesehensten und besten Gins der Geschichte – und bis heute und übermorgen.

Coates & Co. / Black Friars Distillery, Plymouth, Devon, England

84_ Ramsbury
Single Estate Gin

*Der verdrießliche Widder und die
freudestrahlende Quitte*

Ramsbury Estates ist nicht ganz klein – nach eigenen Angaben rund 7.700 Hektar. Hügellandschaften, Buchenforste, Dornenhecken, Schafweiden, Getreidefelder – nichts als Grün, so weit das Auge reicht. Eine ländliche Idylle der malerischsten Art, allem Anschein nach im Besitz des milliardenschweren Erben eines schwedischen Textilunternehmens. Zu den Liegenschaften gehört seit 2004 auch eine Craft-Brauerei, die 2015 um eine Destillerie erweitert wurde. Ökologie und Selbstversorgung heißen die Ideale: Die Energie für die Brau- und Brennkessel stammt vom eigenen Biomasseheizkraftwerk, das Wasser wird durch ein natürliches Schilfsystem gefiltert, die Botanicals werden, nachdem sie dem Gin auf die Sprünge geholfen haben, getrocknet und in der hauseigenen Räucherei weiterverwendet.

Für den Gin werden die Botanicals in Single Estate Vodka – aus eigenem Weizen der Sorte Horatio – mazeriert, und zwar in zwei Chargen verschieden lang: einmal über Nacht, einmal eine Stunde. Nach der Destillation werden sie vermählt. Das Erscheinungsbild des Single Estate Gin ist seriös, um nicht zu sagen konservativ. Der verdrießlich dreinschauende Widder zeigt unmissverständlich an, dass der Ramsbury nicht gekommen ist, um auf der Gin-Welle die schnelle Mark zu machen, sondern es ernst meint. Trotzdem oder gerade deswegen duftet und schmeckt er völlig eigenwillig: Ein Odeur von erdigen Gummibärchen steigt aus der Flasche, das den Wurzeln und Quitten geschuldet ist und in Richtung Zwetschge, Nuss und Marzipan ausschlägt – im Mix sind das Trio Wacholder, Kardamom und Quitte sowie eine überwältigende Fruchtigkeit unverkennbar. Der Ramsbury ist sehr fein, sehr weich, sehr elegant einerseits, völlig einzigartig, eigenwillig und kompromisslos andererseits – ein zugleich klassischer und extraordinärer Gin höchster Güte.

Ramsbury Brewing & Distilling Company, Marlborough, Wiltshire, England

85 Reisetbauer Blue Gin

Der Wacholder-Grantler mit der Gardenien-Allergie

Im Spätsommer 1994 nahm Hans Reisetbauer auf seinem Kirchdorfergut im oberösterreichischen Axberg bei Linz die Destillieranlage aus dem Hause Christian Carl in Betrieb. Binnen kürzester Zeit machte er sich mit Obstbränden einen Namen und gehört inzwischen zu den angesehensten Brennern Österreichs. Nachdem er 1990 die ersten Williamsbäume anpflanzen ließ, verfügt er heute über riesige Birnenplantagen, auf dem eigenen Hof und um Axberg herum. Zwar macht er alle üblichen Obstbrände – von Apfel über Marille bis Zwetschge – und so manchen außergewöhnlichen – von Elsbeere über Karotte bis Ingwer –, doch seine besondere Liebe gehört der Roten Williams, der Frucht seines bekanntesten Brands.

Wie Reisetbauer immer wieder zu Protokoll gibt, gehört sein Herz neben den Obstbränden vor allem Gin in Verbindung mit Tonic – an einem G'n'T kann er »einfach nicht vorbeigehen«. Also kreierte er zusammen mit Winzerspezi Markus Schenkenfelder einen Gin – den seinerzeit vielleicht einzigen aus Austria – mit Basisalkohol aus der heimischen Weizensorte Mulan, 27 überwiegend geheimen Botanicals aus aller Herren Länder und Quellwasser von einer Mühlviertler Alm. Reisetbauer wäre nicht Reisetbauer, wenn er Gin nicht verstehen würde wie einen Obstbrand. Was draufsteht, soll auch drin sein, und das heißt bei Gin: Wacholder, Wacholder, Wacholder! »Gin ist Wacholder, der soll nicht nach Gardenien oder was weiß ich schmecken!«, so oder so ähnlich grantelt der Meister gerne. 27, das sind viele Botanicals, doch sie alle dienen Juniperus Rex demütig. Freilich, Koriander hilft dem Wacholder auf seiner kiefernbitteren Seite und verleiht ihm Zitrusfrische, während Süßholz seine beerigen Aspekte modelliert, und auch pfeffrige Gewürztöne tragen das Ihre bei – doch der Blue Gin ist und bleibt eine Messe für die Wacholderbeere.

Hans Reisetbauer Qualitätsbrand, Kirchberg-Thening, Oberösterreich, Österreich

86__Roku Gin

Japanische Harmonielehre mit Ingwer

Der Roku nennt sich selbst, nicht ohne Stolz, »Der japanische Craft Gin«. Wem nun allerdings das romantische Bild des traditionellen Nippons, von der Yūzen-Seidenfärberei bis zum Zen-Garten, vor Augen aufleuchtet, der könnte einer fernöstlichen Fata Morgana aufgesessen sein. Denn es sind weder geheimnisvolle Geishas noch todesmutige Samurai, die für ihn rituell Kirschblüten barfuß stampfen, um die aromatischen Öle zu lösen. Nein, der Roku Gin ist eindeutig Big Business: Nachdem der japanische Schnapsgigant Suntory 2014 den amerikanischen Schnapsgiganten Beam kaufte – für eine Handvoll, nämlich 13,6 Milliarden Dollar –, liegt Suntory Beam, wie man liest, auf Platz drei der umsatzstärksten Spirituosenhersteller weltweit.

Das Hexagon der Flasche ist Ausdruck der sechs japanischen Botanicals sowie ihrer Harmonie, Letztere zweifelsohne eine fernöstliche Erfindung, und Roku bedeutet nichts anderes als sechs. Die zweite Hauptrolle im Sechser spielt die Vier, denn die japanischen Botanicals beziehen sich auf die Jahreszeiten: Sakura, die japanischen Kirschblüten, auf den Frühling, Sencha- und Gyokuro-Tee auf den Sommer, Sansho, der Japanische Bergpfeffer, auf den Herbst und die Schale der Yuzu, einer asiatischen Zitrusfrucht, geschmacklich zwischen Limette und Mandarine und eher bitter denn sauer, auf den Winter.

In der Nase, auf der Zunge und am Gaumen versprüht der Roku keine überbordende Exotik, sondern benimmt sich mehr oder weniger klassisch. Mit Tonic läuft er ein wenig unrund, wirkt etwas klebrig-zitrussüß. Mit zwei Scheiben Ingwer, wie empfohlen, wendet sich das Blatt drastisch: Die Frische und Schärfe des Ingwers lassen alle Misstöne im Nu verhallen und harmonieren prächtig mit der jetzt deutlicher hervortretenden Wacholderbittere. Plötzlich liegt ein Touch von Kirschblütenfest und Teezeremonie in der Luft – und der Roku entfaltet seinen seidenmalerischen Charme.

Suntory, Osaka, Japan

Botanicals 8 klassische: Wacholderbeeren, Angelikawurzel und -samen, Koriandersamen, Kardamom, Zimt, Bitterorangen- und Zitronenschalen; 6 japanische: Yuzu-Schale, Sakura-Blüten und -Blätter, Sencha- und Gyokuro-Tee, Sansho-Pfeffer

87_ Rutte Celery Gin

Der erotischen Anziehungskraft des Selleries
willenlos verfallen

Was wohl außerirdische Ethnologen davon halten würden? Beim
FC Chelsea gab es jahrzehntelang den Fangesang »Celery«, in dem
es darum geht, was Mann und Frau, unter Zuhilfenahme von Sellerie, alles so anstellen können, wenn gerade mal kein Fußball läuft.
2007 untersagte der Verein den skurrilen Ritus, sei es ob seines obs-
zönen Gehalts oder ganz einfach weil an der Stamford Bridge un-
glaubliche Mengen Sellerie aufs Spielfeld geworfen wurden, die ein
technisch hochklassiges Spiel dramatisch erschwerten. Dass besag-
tes Gemüse im Volksmund auch »Geilwurz« genannt wird und den
Unterleib in Wallung bringen soll, sei an dieser Stelle nur erwähnt,
aber nicht weiter ausgeführt.

1872 öffnete Simon Rutte in Dordrecht nahe Rotterdam die Tore
seiner Destillerie. Inzwischen unter dem Dach von Likör-Gigant
De Kuyper, lenkt Destillateurmeisterin Myriam Hendrickx in ach-
ter Generation die Geschicke des Hauses. In der Hightech-Kupfer-
destille »Vulkaan« brodelt nicht zuletzt der Old Simon Genever, zu
dessen zwölf Botanicals Sellerie zählt, welchen schon der alte Simon
als Zutat schätzte. Logisch, dass neben einem ebenso klassischen wie
hochklassigen Dry Gin ein selleriegeprägter zu den Flaggschiffen der
Wacholderschmiede gehört.

Der Celery Gin atmet angenehm mild aus der Flasche, ein Bund
Kräuter, umgarnt von leicht pfeffrigen Noten. Was sich in der Nase
andeutet, setzt sich am Gaumen fort. Ein Hauch von Menthol ist
unverkennbar, Koriander und Kardamom schmirgeln sanft die Zunge, eine gewisse Zitrusfrische hebt an, und spät, aber doch gesellt
sich eine kaum merkliche Süße hinzu. Ob seines Gemüsegehalts
und Kräutergeschmacks verwundert nicht, dass Rutte den Celery
zur Verwendung à la »Bloody Mary« vorschlagen, die mit Gin freilich »Red Snapper« genannt wird. Ein wahres Aphrodisiakum! Celery, oh, oh, Celery …

Rutte Distillateurs, Dordrecht, Südholland, Niederlande

Botanicals Wacholderbeeren, Koriandersamen, Angelikawurzel, Kardamom, Sellerieblätter, Orangenschalen (möglicherweise weitere Geheimzutaten)

88 Sacred Cardamom Gin

Der heilige Kardamom aus dem Headhunter-Labor

Ian Hart war Headhunter auf der Jagd nach Finanzanalysten. Sein wichtigster Auftraggeber soll eine Bank namens Lehman Brothers gewesen sein. Er hatte ab 2008 also plötzlich viel Zeit und erinnerte sich seines Studiums der Naturwissenschaften in Cambridge. In seinem Hinterhaus im Norden Londons kam er schnell auf den Gin-Trichter. Ohne Kupferkessel, dafür aber mit unzähligen Zylindern, Kolben und Trichtern, Pipetten, Thermometern und Pumpen, machte Hart aus seiner Zweitküche ein Gin-Labor. Für den Sacred Gin brennt er mittels Vakuumdestillation die zwölf Botanicals einzeln, bei geringem Druck und niedrigen Temperaturen, um sie anschließend zu verschneiden. Die Schlüsselzutat *Boswellia sacra*, der »Somalische« oder »Arabische Weihrauch«, verströmt nicht nur in der christlichen Liturgie und ayurvedischen Medizin, sondern auch in der kleinsten »Microdistillery« der Wacholderwelt seinen schweren, harzigen Zitrusduft.

Längst gibt es nicht nur den Sacred, das Original, sondern eine große heilige Familie. Ein halbes Dutzend »Ein-Botanical-Gins« stammen vom Weihrauchwacholder ab: Dafür verwendet Hart wie gehabt seine zwölf Destillate, von denen er allerdings eines stark akzentuiert: Koriander, Iriswurzel, Süßholz, Pink Grapefruit oder eben Kardamom. Wie bei Single-Hop-Craft-Bieren kann man so Aromen, die ansonsten ja immer nur in Relationen vorliegen, fast pur erkunden.

Der Sacred Cardamom Gin riecht nach Kardamom und schmeckt nach Kardamom, während alle anderen Aromen fast bis zur Unkenntlichkeit zurücktreten, ohne freilich ganz zu verschwinden. Das geschmackliche Spektrum des Kardamoms, das von rauchiger Bergamotte über balsamischen Eukalyptus und süßlichen Pfeffer bis zu torfigen Nüssen reicht, ist für einen Einzel-Botanical-Gin wie geschaffen. Kein Gin aus dem Lehrbuch, sondern das schönste Geschenk der Finanzkrise an die Welt!

Sacred Spirits, London, England

Botanicals Wacholderbeeren, Koriandersamen, Angelikawurzel, Grüner Kardamom, Muskatnuss, Süßholz, frische Zitronen-, Limetten-, Orangenschalen, Boswellia sacra (Weihrauch) und zwei Geheimzutaten

89　Saffron Gin

Crocus sativus trifft Juniperus communis

1909 übernahm Gabriel Boudier das 1874 gegründete Haus Fontbonne. Mit Crème de Cassis de Dijon, bis heute Markenzeichen und Kassenschlager, machte er die Likörfabrik binnen weniger Jahre groß. 1918 starb er, 1936 verkaufte seine Witwe an Marcel Battault, der den längst berühmten Markennamen nicht änderte – bis heute ist Boudier im Besitz der Familie Battault.

Seit 2008 gib es den Saffron Gin, der angeblich auf einem Rezept aus dem 19. Jahrhundert, das in den Archiven von Boudier gefunden wurde, basiert. Unter den acht Botanicals sticht Safran sofort heraus: Nicht nur haben die Blütenstempel des *Crocus sativus* dem Gin seinen Namen gegeben, auch seine orange Farbe weist auf das kostspieligste aller Gewürze hin. Dass die intensive Färbung allein durch den sündhaft teuren Safran bewirkt wird, ist freilich äußerst unwahrscheinlich, und gelegentlich wird eine geheime neunte Zutat ins Spiel gebracht. Ob es sie gibt oder nicht, sei dahingestellt, das Etikett gesteht offenherzig, dass die Farbstoffe E 102 und E 129 verantwortlich sind – »Tartrazin« ist currygelb, »Allurarot AC« paprikarot.

Wer davon nicht abzuschrecken ist, dem sei der Saffron herzlichst empfohlen: In der Nase gibt er sich ganz und gar klassisch und duftet herrlich nach Wacholder. Auf der Zunge ist es mit aller Klassik allerdings schnell vorbei. Der Saffron ist eindeutig nicht gemacht, um mit urenglischen Gins in Konkurrenz zu treten, sondern durch und durch französisch. Das Anisaroma des Fenchels, bittere Orangentöne, Karamell- und Kräuternoten und weicher Safran malen das Bild. Schärfe, Wucht oder Kantigkeit wird man vergeblich suchen, vielmehr glänzt der Saffron mit Eleganz, Leichtigkeit und Feingefühl. In Verbindung mit Tonic offenbart er seine Seele: Er erinnert dann frappierend an erfrischende Rosé-Weine oder -Champagner – versetzt mit je einem Schuss Cassis, Cognac und Anisée. Deliziös!

Gabriel Boudier, Dijon, Bourgogne-Franche-Comté, Frankreich

90_ Siegfried Rheinland Dry Gin

Das heldenhafte Bad in den Lindenblüten

Der blonde Drachentöter Siegfried scheint gute Karten zu haben, als strahlender Held aus dem düsteren Nibelungenlied hervorzugehen, muss aber dann doch schon nach halber Strecke den Löffel abgeben. Er findet bekanntlich sein Ende, weil ihm beim Bad im Drachenblut ein Lindenblatt auf den Rücken trudelt und ihn der finstere Hagen von Tronje meuchelt. Der Ort seiner Geburt könnte Xanten am Niederrhein gewesen sein, zu seinen historischen Vorbildern wird Sigibert von Köln gezählt, der sich in der Schlacht von Zülpich das Knie lädierte und deshalb auch Sigibert der Lahme genannt wurde. Von Zülpich ist es nur ein Katzensprung nach Lantershofen bei Bad Neuenahr-Ahrweiler, zur Eifel-Destillerie P. J. Schütz, wo der Siegfried Rheinland Dry Gin heldenhaft gebrannt wird.

Nicht das Lindenblatt, sondern die Blüten haben die rheinischen Brenner als »Leit-Botanical« auserkoren. Sie verleihen dem Siegfried nach eigener Auskunft einen »dezent-warmen Charakter« und runden ihn ab. Die Idee für den Rheinland Dry Gin stammt von den jungen Rheinland Distillers Raphael Vollmar und Gerald Koenen, die ihn in der alteingesessenen Brennerei am Rande der Eifel umsetzen. Sein Aromenspiel bewegt sich zwischen klar erkennbarem, aber keineswegs überdosiertem Wacholder und mild-frischen Zitrus- und Granny-Smith-Tönen. Deutlich bemerkbar macht sich Süßholz mit seinem typischen Lakritzgeschmack, der perfekt mit Kardamom und der bittersüßen Orange harmoniert, während Lavendel eine florale Klangfarbe ins Spiel bringt. Nicht besonders bitter, sondern von milder Würze, ist Siegfried ein dezenter, eleganter Vertreter des Wacholderfachs – ein freundlicher Gin, gefällig im besten Sinne des Wortes. Freunde dürfen ihn übrigens Siggi nennen – denn er ist eindeutig keine grimmige Sagengestalt, sondern eine rheinische Frohnatur.

Rheinland Distillers, Bonn/Eifel-Destillerie P. J. Schütz, Lantershofen, Nordrhein-Westfalen, Deutschland

91 Silent Pool Gin

*Stille Wasser sind tief: Agatha Christies
spitzbübische Rache*

»Vermisst: Mrs. Agatha Mary Clarissa Christie, Ehefrau von Colonel A. Christie. Alter 35, Größe 5 Fuß 7 Zoll, Haarfarbe rot, graue Augen, heller Teint, schlank.« Nach dem Verschwinden der berühmten Krimiautorin im Dezember 1926 brach die Hölle los. Ihr Auto wurde an Newlands Corner, nur ein paar Meter entfernt vom Silent Pool, entdeckt. An dem wildromantischen See soll einst Johann Ohneland, Bruder von Richard Löwenherz und englischer König von 1199 bis 1216, eine Holzfällertochter bedrängt und ertränkt haben, die seither um Mitternacht über den See spukt. 15.000 Polizisten und Freiwillige suchten nach Agatha Christie, darunter auch Arthur Conan Doyle, doch weder am See noch sonst wo fand man die Schriftstellerin. Elf Tage später tauchte sie in Yorkshire wieder auf, wo sie es sich unter dem Namen der Geliebten ihres Mannes in einem noblen Hotel hatte gut gehen lassen – während der unter dringendem Mordverdacht stand.

Am See und mit Wasser aus dem geheimnisumwitterten Silent Pool brennt die gleichnamige Destillerie den gleichnamigen Gin. Der Silent Pool entsteht mittels eines komplexen Prozesses: Für ihn werden zwei Mazerate – eines mit robusteren, eines mit empfindlicheren Botanicals – hergestellt, die dann zusammen gebrannt werden, während im Geistkorb weitere Zutaten extrahiert werden.

Stille Wasser sind tief – und der Silent Pool gehört zum vielschichtigsten und tiefschürfendsten, was die hohe Gin-Kunst zu bieten hat. Nicht der Wacholder, sondern frische, milde Kaffirlimetten-Zitrustöne spielen die erste Geige. Zugleich stellt sich ein buttrig-sahniges Mundgefühl ein, und man kann mit Fug und Recht von einer Lemon-Curd-Aromatik sprechen. Äußerst präsent sind die Birnen, und zwar sowohl frische als auch getrocknete, die von Vanille begleitet werden – alles eingehegt durch eine delikate, tiefe, ausdauernde, aber milde Bittere.

Silent Pool Distillers, Albury, Surrey, England

Botanicals Wacholderbeeren, Koriandersamen, Angelika- und Veilchenwurzel, Kardamom, Cassiazimt, Kubebenpfeffer, Paradieskörner, Süßholz, Honig, Kamille, Holunder- und Lindenblüten, Lavendel, Rosen- und Kaffirlimettenblätter, Bergamotten, Bitterorangen, Limetten, Birnen und vier Geheimzutaten

SILENT POOL

INTRICATELY REALISED

—— GIN ——

DISTILLED FROM GRAIN
PRECISELY CRAFTED IN ENGLAND

70cl ℮ 43% vol

92__ Sipsmith London Dry Gin

Die Schwanen-Avantgarde der Gin-Renaissance

Seit Ewigkeiten war in London keine kupferbewehrte Destillerie mehr eröffnet worden. Angeblich seit 189 Jahren. Stamford Galsworthy und Fairfax Hall mussten allerdings so einige Widerstände überwinden, bis sie ihre Schlückchen-Schmiede im Westen Londons in Betrieb nehmen konnten. Die geplante Fördermenge von 300 Litern wurde von den Behörden als schwarzbrennerisches Badewannenhobby eingestuft und die Lizenz verweigert. »Small Batch« und »Craft Gin« waren de facto ein Ding der Unmöglichkeit. Doch Galsworthy und Hall blieben hartnäckig, und 2009 erreichten sie die Änderung der Spielregeln. Während in den Jahren zuvor nur eine Handvoll Destillerien in England die Tore öffneten, geht die Zahl seither in die Hunderte. Die »Sipsmith Boys« gehören zu *den* Pionieren der handwerklichen Gin-Kunst des neuen Jahrtausends.

Zunächst in einer ehemaligen Kleinbrauerei in Hammersmith, seit 2014 im benachbarten Chiswick brennt Destillateur Jared Brown aus Gerste den Sipping Vodka, der zugleich als Basis für den Sipsmith London Dry Gin dient. Anfangs in »Prudence«, später auch in »Patience« (beide 300 Liter) und seit einiger Zeit in »Constance« (1.500 Liter) – Spezialanfertigungen aus dem Hause Christian Carl, kombinierten Pot und Column Stills – wird den Spirituosen der Geist eingehaucht.

Für den Sipsmith London Dry Gin verwenden die Boys ausschließlich einschlägige Botanicals, die mit dem traditionellen One-Shot-Verfahren gebrannt werden, bevor Wasser aus der Lydwell Spring, einer der Quellen der Themse, für die richtige Trinkstärke sorgt. Kräuterig in der Nase, explodiert er pur reichlich zitronenzestig und pfefferschrotig. Im Mix ist der Wacholder äußerst präsent, umgarnt von Kräutern, Zitrus und Gewürzen. Ein aromatisch konservativer Gin, dessen Etikett der schlankeste Schwanenhals der Gin-Welt ziert.

Sipsmith Distillery, London, England

Botanicals Wacholderbeeren, Koriandersamen, Angelika- und Veilchenwurzel, Mandeln, Süßholz, Zimt, Cassiazimt, Zitronen- und Orangenschalen

93__ St Cruyt Abbey Dry Gin

Der geplünderte Klostergarten

Die bekanntesten belgischen Einträge ins große Buch des kulinarischen Welterbes sind fraglos zum einen die Pommes frites, zum anderen die grandiosen Trappistenbiere: Achel, Chimay, Orval, Rochefort, Westmalle und Westvleteren, Letzteres der vielleicht einleuchtendste Gottesbeweis seit den Tagen Thomas von Aquins. Am weltweiten Ruhm von klösterlichem Dubbel und Tripel, Wit und Saison, Geuze und Kriek nährt sich Belgin durch Gabe von Aromahopfen in alle Bel-Gins: vom »Spéciale« über den »Fresh Hop« bis zum »Raspberry Rosé«. An die Kräutergärten belgischer Monasterien andererseits schließt der St Cruyt an, in dem sage und schreibe 50 Beeren, Wurzeln, Schalen, Gewürze und Kräuter Unterschlupf finden. Aber weder er noch die anderen Bel-Gins sind sakraler, sondern profaner Provenienz: Sie werden in der Stokerij VdS der Familie Van der Schueren, gegründet im Jahr des Herrn 1928, gebrannt.

Monastisch verschwiegen wird ein beträchtlicher Teil der 50 Botanicals des St Cruyt. Schweigsam und beredt zugleich ist jedoch der Geist, der aus der Flasche strömt, sobald sich der Korken auch nur ein wenig gelöst hat. Hier hat der Mönch die Axt an die Kräuter gelegt und den Garten geplündert. Eine gewaltige Dosis Wurzeln und Gewürze, Blumen und Kräuter macht den St Cruyt zur wandelnden Apotheke. Kapuzinerkresse oder Gottesgnadenkraut, Mönchspfeffer oder Teufelsabbiss, Mariendistel oder Himmelsschlüssel, um die theologische Klaviatur der Kräuterkunde kurz anzugärtnern und durchzujäten, das wird niemand entscheiden können, kein vatikanisches Konzil und erst recht kein Laienbruder. Die Wege des Herrn durch die Botanik sind unergründlich. Was man, jenseits aller Kräutermystik, klar und deutlich schmeckt, ist ein einziger großer Botanical-Chor, in dem der Wacholder den Bass gibt, während die verbleibenden 49 vom Sopran bis zum Bariton alle bekannten und unbekannten Oktaven abdecken. Heiliges Kraut!

Belgin, Aalst, Ostflandern, Belgien

Botanicals Wacholderbeeren, Koriandersamen, Angelikawurzel, Kardamom, Zitronen-verbene, Lavendel, Majoran, Rosmarin, Salbei, Thymian, belgischer Hopfen, verschiedene Waldbeeren, Zitronen- und Limettenschalen und weitere Geheimzutaten

94_ St. George Botanivore Gin

Der schwarzwäldisch-kalifornische Gewürzkrieg

Ob Bollenhut, Kuckucksuhr oder die alten Höfe mit ihren fast bis zum Boden heruntergezogenen Walmdächern – eine ganze Reihe folkloristischer Merkmale wird rund um den Globus sofort als »Made in Black Forest« erkannt. Dazu gehört nicht zuletzt das schwarzwaldtypische Kirschwasser. 1982 verließ Jörg Rupf die baden-württembergische Heimat und zog ans andere Ende der Welt: nach Kalifornien. Er mietete in der San Francisco Bay Area einen Hangar der Naval Air Station Alameda, installierte eine kleine Kupferdestille aus dem Hause Arnold Holstein und legte los. Er brannte feinste Obstbrände – von Birne über Himbeere bis Kiwi. Eine seinerzeit im sonnenverwöhnten »Golden State« weitgehend unbekannte Kunst, während bestes Obst im Überfluss vorhanden war.

2010 übernahm Lance Winters bei St. George das Zepter und kreierte bald drei Gins – allesamt keineswegs klassisch, sondern »New Western Gins«, bei denen der Wacholder zurück- und andere Aromen in den Vordergrund treten. Erstens der »Terroir«, der durch die harzigen Kiefernoten der Douglasie sowie Salbei geprägt wird. Zweitens der »Dry Rye«, dessen Roggen ihn malzig macht und in die Nähe von Genever rückt. Und drittens der gefräßige »Botanivore«, der alles verschlingt, was grün und bei drei nicht auf den Bäumen ist; darunter der unter Craft-Brauern beliebte Citra-Hopfen mit seinen – nomen est omen – unverkennbaren Zitrusaromen. 16 Botanicals werden für den Botanivore mazeriert, die Wacholderbeeren, Lorbeerblätter und das seifige Korianderkraut schwitzen im aufsteigenden Dampf ihre Aromen aus. Subtil mild und vornehm zurückhaltend ist der Botanivore nicht, vielmehr zettelt er einen satten »Botani-War« an. Ein mächtiges Bouquet garni hat das Ruder fest im Griff, während die bitteren Wacholderaromen und frischen Zitrusnoten dienende Rollen übernehmen.

St. George Spirits, Alameda, Kalifornien, Vereinigte Staaten

Botanicals Wacholderbeeren, Korianderkraut und -samen, Angelika- und Veilchenwurzel, Lorbeer, Schwarzer Pfeffer, Kümmel, Kardamom, Zimt, Sternanis, Fenchel, Dillsamen, Ingwer, Citra (Hopfen), Zitronen-, Limetten-, Bitterorangen- und Bergamottenschalen

95 Star of Bombay London Dry Gin

Ein Stern aus Ceylon mit einem Touch Earl Grey

Die Geschichte der Bombay-Gins reicht bis 1760 zurück, als Thomas Dakin am River Mersey, auf halbem Weg zwischen Manchester und Liverpool, eine Brennerei baute und im Jahr darauf mit der Produktion des Warrington Gins begann. Ein Jahrhundert später kaufte die Brauerei Greenall's Dakins Destillerie und brennt den Gin unter dem Namen Greenall's Original London Dry Gin bis heute. Wieder ein Jahrhundert später suchte Allan Subin nach einem Gin-Rezept für den amerikanischen Markt – und fand es in Dakins Rezept von 1761. Seit 1960 wird der Bombay London Dry Gin (heute mit dem Vorsatz The Original) gebrannt – mit den gleichen acht Botanicals wie der Warrington beziehungsweise Greenall's. 1987 bekam der Bombay ein »Upgrade«: durch zwei zusätzliche Botanicals – Kubebenpfeffer und Paradieskörner – und die auffällige blaue Flasche. Der Bombay Sapphire schlug, als Gin gerade alles andere als »in« war, ein wie eine Bombe und ist heute längst ein Klassiker. Upgrade Nummer zwei: 2011 erschien der Bombay Sapphire East, erweitert um Schwarzen Pfeffer aus Vietnam und Zitronengras aus Thailand.

2015 wurde die Palette mit dem Star of Bombay zum bis dato letzten Mal erweitert: Zu den zehn Botanicals des Bombay Sapphire treten Ambrettasamen aus Ecuador und Bergamottenschalen aus Kalabrien. Der Star ist der zugleich weichste und würzigste im Reigen der Bombay London Dry Gins. Das mag an den zusätzlichen Botanicals liegen – insbesondere die Bergamotte verleiht einen prägnanten Touch von Earl Grey –, an ihrer Abstimmung und sicherlich auch an der nochmals verlangsamten Destillation und Aromatisierung durch Dampfinfusion. Dass Bombay in Indien liegt, ist übrigens ein Gerücht: Sapphire und Star verdanken ihre Namen dem »Star of Bombay«, einem gigantischen 182-karätigen Saphir, der im ehemaligen Ceylon gefunden wurde.

Bombay Sapphire Distillery at Laverstoke Mill, Whitchurch, Hampshire, England

Botanicals Wacholderbeeren, Koriandersamen, Angelika- und Veilchenwurzel, Süßholz, Cassiazimt, Mandeln, Kubebenpfeffer, Paradieskörner, Ambrettasamen, Bergamotten- und Zitronenschalen

96 __ Steinhorn
London Dry Gin
Die Schwarzbrenner aus dem Weinviertel

Eines Tages nahm der alte Wagnsonner seine Enkel, die Steiner-Brüder, beiseite und weihte sie in die Familiengeschichte ein. Ihre Vorfahren, verarmter Landadel mit Namen Katharina und Gottfried von Grosz, stammten aus Schlesien. Sie zogen als fahrende Händler über Land und wurden schließlich im niederösterreichischen Weinviertel sesshaft. In Ruppersthal kauften sie in den 1880er Jahren einen Bauernhof und wurden Greißler, also Lebensmittelhändler. Nebenbei bauten sie Wein an und brannten aus dem eigenen Obst Schnaps – schwarz natürlich, wie damals eben üblich.

Martin Steiner ist Mechatroniker, sein Bruder Johannes Digitalstratege – der Familientradition des Brennens sind sie dennoch treu geblieben. Die »Schwarzbrenner« heizten ein 60-Liter-Kupferkesselchen und brannten einen durch und durch klassischen London Dry Gin. Erst nippten sie selbst, dann ließen sie ein paar gute Freunde ran, boten ihren Steinhorn schließlich der regionalen Gastronomie an. Im August 2018, als der Gin vom Wagram nicht einmal ein Jahr alt war, dann der große Knall: Bei der Gin Trophy des österreichischen Wein- und Gourmetjournals »Falstaff« räumten die Brüder groß ab – sie landeten punktgleich mit Sieger Tanqueray No. Ten vor der versammelten Prominenz, vor Beefeater, Bombay, Broker und so weiter. Man mag von solchen Veranstaltungen halten, was man will, aber das war fraglos ein Coup: Ein Badewannengin düpiert die deutschen, österreichischen und englischen Platzhirsche.

Der Steinhorn ist von A wie Aromen bis Z wie Zubereitung klassisch – und sowohl geschmacklich als auch handwerklich ohne Fehl und Tadel. Der Wacholder liegt von der Nase über die Zunge bis zum Gaumen eindeutig vorne, gefolgt von Zitrus – mitverantwortlich die Zitronenmelisse –, einem Touch Süßholz und Kräutern. Kurz: ein London Dry Gin par excellence.

Steiner Bros., Ruppersthal, Niederösterreich, Österreich

97_ The Stin –
Styrian Dry Gin
Die alpine Navy Strength

Der Südsteirer Johannes Firmenich und der Oststeirer Reinhard Jagerhofer teilen ein nicht ganz so hartes Schicksal: Beide wuchsen in der Landwirtschaft auf und stammen von brennbegeisterten Vätern ab. Kennen lernten sie sich an der Universität, und zu ihren studienbegleitenden Maßnahmen gehörte die streng wissenschaftliche Erforschung der Verbindung von Gin und Tonic. Theoretische Traktate erließen sie sich und gingen gleich zur Praxis über. Zur Gaudi, aus der bald Ernst wurde, spätestens als der Tiroler Bartender Philipp Ernst das Trio komplementierte, versuchten sie sich in der Kunst der Wacholderbrennerei. Auf dem Steinberghof, auf dem das Weingut Firmenich ansässig ist, experimentierten sie so lange, bis der Stin, ein Kind der Steiermark und Gin reinsten Wassers, das Licht der Welt erblickte.

Anfang 2017 gab es gleich doppelt Grund zur Freude: Die ersten Flaschen des Stin wurden mit Wachs versiegelt, und Barkeeper Ernst eröffnete seine Cocktailbar »Josef« im Herzen Wiens. Der Stin wird im Pot-Still-Verfahren in einem zierlichen 50-Liter-Kupferkessel gebrannt und bekommt seinen regionalen Zungenschlag von oststeirischen Holunderblüten und südsteirischen Äpfeln sowie von Leutschacher Hopfen und Sausaler Lavendel. Mit steirischem Quellwasser wird er auf die opulente Trinkstärke von 47 Prozent gebracht und ist also eine alpine Navy Strength.

Ein herrlich klassischer Duft entströmt der Apothekerflasche, der Stin rinnt ölig heraus und ist schon pur ein vollmundig-fruchtiges, feinbitteres Wacholdervergnügen. Auch im Mix ist Juniperus Rex die Sonne, um die alles kreist. Die Trabanten: frischer Apfel, leichte Zitrone und eine sehr intensive Gewürzfraktion, die Zunge und Gaumen unnachgiebig massiert. Kurz: ein wacholderstarker Gin mit ebenso interessanten wie prägnanten Nebenaromen.

Firmenich & Jagerhofer, Ehrenhausen an der Weinstraße, Steiermark, Österreich

Botanicals Wacholderbeeren, Koriandersamen, Kümmel, Lavendel, Hopfen, Holunderblüten, Äpfel, Orangen, Zitronen und 19 Geheimzutaten

Distilled and bottled
to savor.
~

The

STIN

Styrian dry
GIN

28 *fine botanicals*

Date of Distillation
.....09/2018

SMALL BATCH
copper kettle

HANDCRAFTED

47% vol. | Batch Nº L030

500 ml / 16,9 fl oz

98 _ Sünner Dry Gin No. 260

Erfundenes Kölsch und geradliniger Gin

Die Vor-allem-Brauerei und Auch-Brennerei Sünner war ursprünglich, das heißt ab 1830, an exponierter Stelle der einstigen Stadt Deutz gelegen. Direkt am Rhein, unmittelbar an der seinerzeit einzigen Rheinbrücke, die Köln mit der »Schäl Sick«, der »falschen Seite«, verband. 1858 expandierten die Deutzer Platzhirsche nach Osten, in den Stadtteil Kalk, wo sie eine nie in Betrieb genommene Zeche zweckentfremdeten. In der Domstadt hießen die typischen Biersorten damals Stecken, Knupp oder Wieß. 1918 landete Sünner einen Marketing-Coup: Sie erfanden das Bier namens Kölsch – oder, genauer gesagt, den Namen Kölsch, denn das helle, gefilterte obergärige Bier brauten sie bereits seit 1906. Das Kölsch trat in der Folge einen unglaublichen Siegeszug an, wurde zum unumstrittenen Kölner Traditionsbier, obwohl es streng genommen historisch zu den Bieren gezählt werden muss, die noch hopfengrün hinter den Ohren sind.

Durch die Industrialisierung des Brauwesens in den Nachkriegsjahrzehnten wurde aus dem ehedem und eigentlich doch hopfenbetonten Kölsch mehr und mehr eine wässerige Karikatur, und auch das Original-Kölsch ließ sich nicht lumpen. »Kein Kölsch ist dünner als wie das von Sünner«, beliebte so mancher Scherzbold zu reimen. Doch vor einigen Jahren besann man sich, tat wieder Hopfen ins Wasser, und zwar nicht zu knapp, und seitdem kommt das beste Kölsch wieder daher, wo es einst aus der Taufe gehoben wurde.

Zugleich brennt Sünner seither einen Gin, wie er nicht mehr geradeaus sein könnte. Er verzichtet augenscheinlich auf die Grundierung durch Koriander sowie den erdigen Geschmacksverstärker Engelwurz und setzt stattdessen auf das prägnante Aroma des Lavendels. Der dominante, aber keineswegs penetrante Wacholder wird grandios durch herb-bittere Orangentöne ergänzt, ohne jedes süße Störfeuer. Zum erneuten Coup: Kölle Alaaf!

Brauerei & Brennerei Gebrüder Sünner, Köln, Nordrhein-Westfalen, Deutschland

99 Tanqueray No. Ten

Der Gin des neuen Millenniums

Charles Tanqueray, Sohn und Enkel englischer Geistlicher französischer Herkunft, brannte spätestens 1838, wohl aber schon früher den Tanqueray London Dry Gin – mit nur vier streng geheimen Botanicals, die die Spatzen von den Dächern pfeifen: Wacholder, Koriander, Angelika und Süßholz. Gleichermaßen Archetyp, Original und Ideal aller London Dry Gins, ist er mit seiner ungemein frischen Wacholderaromatik – grundiert durch Engelwurz, eskortiert von zitruswürzigem Koriander und abgerundet mit einem Hauch Süßholz – bis heute unübertroffen.

1898 fusionierte Tanqueray mit Gordon zum größten Gin-Haus weltweit, und damit begann eine wahre Odyssee sowohl der Marke, die heute zu Branchenprimus Diageo gehört, als auch der Destillerie, die seit 1995 im schottischen Exil beheimatet ist. 1941 hatten deutsche Luftangriffe die gemeinsame Brennerei in London fast völlig zerstört. Nur die damals schon betagte kupferne Pot Still No. 4 namens »Old Tom« trotzte den Bomben und wurde in der Folge zum Firmenmaskottchen.

2000 läutete der No. Ten das neue Gin-Millennium ein und war seiner Zeit um Lichtjahre voraus. Nach *dem* klassischen London Dry Gin hatte Tanqueray nun auch *den* modernen Gin. Für ihn wird in der namensgebenden Destille No. 10, »Tiny Ten«, mit frischen Orangen, Limetten und Grapefruits das »Zitrusherz« gebrannt. Dann schlägt die Stunde von Old Tom: Die Zitrusessenz, nochmals frische Limetten, die vier Botanicals des London Dry Gins sowie Kamillenblüten werden in No. 4 zusammengeführt. No. Ten ist nicht wacholderschwach, sondern grapefruitstark. Die Zitrusdominanz, zu deren Nebenaspekten Koriander, Zitronengras, Ingwer, Eukalyptus und eine Spur herbe Kräuter gehören, war 2000 ein echter Coup, der No. Ten hat sich in die Gin-Geschichtsbücher eingetragen und bis heute nichts von seiner Frische eingebüßt.

Charles Tanqueray & Co., London, England/Cameronbridge Distillery, Windygates, Fife, Schottland

Botanicals Wacholderbeeren, Koriandersamen, Angelikawurzel, Süßholz, Kamille, Orangen, Limetten, Grapefruits

100_ Tarquin's Handcrafted Cornish Dry Gin

Der brennende Surfer und vier portugiesische Kupferschönheiten

Tarquin Leadbetter ist ein typischer »Gin-Aussteiger«: 2012 war er 23 Jahre alt, hatte sein Studium abgeschlossen und fand sich, irgendwo in London, hinter einem grauen Schreibtisch wieder. Sollte es das gewesen sein? Endstation Großraumbüro? Wohin nur mit all der Kreativität, Energie und Unbekümmertheit? Leadbetter schmiss hin und kehrte mit seinem Surfboard und einer Miniatur-Destille mit nicht mal einem Liter Fassungsvermögen in seine Heimat Cornwall zurück. Da er von der Kunst des Brennens rein gar nichts verstand, experimentierte er drauflos. Er brannte zahllose Botanicals einzeln und legte eine Aromen-Bibliothek an. Er kreuzte wieder und wieder klassische und exotische Zutaten, um einen Sinn für Proportionen und ein Gefühl für Kombinationen zu bekommen. Schließlich kaufte er eine gebrauchte portugiesische Kupferblase, taufte sie auf den Namen »Tamara« – nach Tamar, dem Grenzfluss zwischen den Grafschaften Cornwall und Devon – und legte los.

Längst ist aus dem ehemaligen Laien und furchtlosen Autodidakten ein angesehener Meister der hohen Gin-Kunst geworden. Tarquin hat mittlerweile drei weitere Destillen – »Senara«, »Tressa« und »Ferrara«, denn kugelrunde Alembics haben schöne Namen –, die allesamt von offener Flamme geheizt werden. Alles geschieht auf der Higher Trevibban Farm in Handarbeit, selbst das Verkorken, das Versiegeln mit Wachs und die Beschriftung des Etiketts. Für seinen Cornish Dry Gin mazeriert Tarquin elf der zwölf Botanicals über Nacht, während die Veilchen aus dem eigenen Garten erst morgens in den Topf kommen. Seine Auswahl ist konventionell, aber er bevorzugt frische Zitrusschalen und zieht Ceylon- dem üblichen Cassiazimt vor. Der Cornishe hat pfeffrige und balsamische, frische und erdige, zitronige und süßliche Aromen, ist vor allem jedoch ländlich mild und entspannt.

Southwestern Distillery, St. Ervan, Cornwall, England

Botanicals Wacholderbeeren, Koriandersamen, Angelika- und Veilchenwurzel, Süßholz, Grüner Kardamom, Zimt, Mandeln, Veilchen, frische Zitronen-, Orangen- und Grapefruitschalen

101_ Tënu Gin

Der schwarze Schwan: finnischer Wacholder
mit Preiselbeeren

Im Ladogasee, dem größten Binnengewässer Europas, nordöstlich von Sankt Petersburg und nicht weit von der russisch-finnischen Grenze, liegt die Insel Walaam und an ihrer Nordseite ein orthodoxes Kloster. Der Legende zufolge wurde es von zwei Mönchen, dem Griechen Sergius und dem Karelier Herman, im 10. Jahrhundert gegründet, ist aber durch Quellen erst ab dem 16. Jahrhundert bezeugt. Während des Sowjetisch-Finnischen Winterkriegs wurden die Mönche 1940 evakuiert und gründeten in der finnischen Taiga das Kloster »Neu-Walaam«. Seit 1989 ist auch »Alt-Walaam« wieder Kloster, nachdem seine Ikonen der Roten Armee jahrzehntelang als Zielscheiben gedient hatten.

Zu den Klosteranlagen gehört seit 1997 Valamon Viiniherman, eine der nördlichsten Weinkellereien, in der die Mönche Weine, Liköre und seit 2014 zudem Whisky herstellen. Mit himmlischem Beistand wird dort auch der Tënu Gin gebrannt, der aber eigentlich das Projekt von Gastronom Antto Melasniemi aus Helsinki und Designer Klaus Haapaniemi ist. Melasniemi zeichnet für das Rezept verantwortlich, das neben den bekannten Botanicals aromatische Wildkräuter und Wurzeln aus den Wäldern um das Kloster enthält. Von Haapaniemi stammt der schwarze Schwan, der das Etikett ziert – ein Mix aus slawischer Volkskunst und finnischer Mythologie Marke Eigenbau.

Melasniemi und Haapaniemi eröffneten im Dezember 2014 ein Pop-up-Restaurant in London, um den nigelnagelneuen Tënu dort zu testen, wo der Gin herkommt – und die britischen Gäste waren begeistert vom finnischen Wacholder-Exoten. Die klösterlichen Wildkräuter spielen ebenso wenig die Hauptrolle wie Zitrusschalen. Vielmehr ist der Tënu ein Duett für Wacholder und Preiselbeeren, die sowohl für eine subtile Fruchtigkeit sorgen als auch mit ihrer feinen Säure den Zitruspart glänzend interpretieren.

Kloster Valamo, Heinävesi, Südsavo, Finnland

102 Trevethan Cornish Gin

Der Chauffeur des Earls von Saint Germans
und ein heckenumzäumter Gin

Von Carkeel, einem kleinen Dörfchen nördlich von Saltash, sind es nur ein paar Meilen nach Plymouth, wo bekanntlich seit Ewigkeiten nicht ganz so schlechter Gin gebrannt wird. Was allerdings für die Bewohner Cornwalls kein zwingender Grund war, ausschließlich zum berühmten Platzhirsch zu greifen. Vielmehr war es früher hier wie anderswo gang und gäbe, Lebensmittel aller Art selbst herzustellen. Obst, Gemüse und Fleisch aus dem eigenen Garten und aus eigener Aufzucht wurden von der ganzen Familie eingekocht, getrocknet, eingesalzen oder wie auch immer haltbar gemacht. Die Trevethans hatten ein besonderes Faible und Händchen für Liköre und Brände aller Art: Brombeer- und Holunderwein, Kürbisrum, Pflaumenschnaps und Schlehengin. Von Norman Trevethan, dem 1906 geborenen Chauffeur des Earls von Saint Germans, stammt das Rezept des Familiengins.

2015 gründeten der Ingenieur Robert Cuffe, ein Enkel von Norman Trevethan, und der Chemiker John Hall die Trevethan Distillery. Unter den zehn Botanicals des Trevethan Cornish Gin sind sieben einschlägige. Vanille macht die Textur weich und ölig, die Blüten – altbekannt: Holunder, außergewöhnlich: Stechginster – wachsen in den Hecken der Trewonnard Dairy Farm in Treneglos. John Hall hat aus den Zutaten Norman Trevethans einen angenehmen, frischen Gin kreiert, der in der Nase von Cassiazimt und Kardamom, auf der Zunge und am Gaumen von Kräuter- und Zitrusnoten bestimmt wird – ein im besten Sinne ländlicher Gin, so einladend wie die heckenumzäunten Weiden und Wiesen Cornwalls. Er wird mit dem One-Shot-Verfahren hergestellt, also nur einmal destilliert, nachdem die Botanicals 18 Stunden im Alkoholbad entspannen durften. Zwei Abkömmlinge hat der Trevethan Cornish Gin: die Navy Strength Chauffeur's Reserve sowie den fassgereiften Honey Oak.

Trevethan Distillery, Saltash, Cornwall, England

Botanicals Wacholderbeeren, Koriandersamen, Angelikawurzel, Kardamom, Cassiazimt, Vanille, Holunder- und Stechginsterblüten, Orangen- und Zitronenschalen

103 Le Tribute Gin

Nur die Sonne war Zeuge

2007 gelang Destilerías Miquel Guansé mit dem gefeierten Gin Mare ein echter Coup. Sie stellten Basilikum, Thymian, Rosmarin und Arbequina-Oliven in den Mittelpunkt des mediterranen Gins – ohne die feine Aromatik mit Zitrus totzuschlagen. Zehn Jahre nach dem epochalen Erfolg der nächste Streich, diesmal allerdings mit jeder Menge Zitrusfrüchten.

»Le« steht für »Liquid Experience«, und der Tribut gilt all jenen, die sich um die hohe Gin-Kunst verdient gemacht haben, insbesondere Manuel Giro, der 1940 mit dem MG den ersten Gin für das Familienunternehmen ansetzte. Seine Enkel Marc und Manuel jun. ergänzen und konterkarieren den Mare mit einem noch maritimeren Gin. Außer Wacholder und Kardamom schlagen alle neun Botanicals ganz eindeutig ins Zitruskontor: je vier orange-rote und gelb-grüne Zitrusfrüchte, dazu Zitronengras. Die Botanicals werden separat allein, zu zweit oder dritt in Weizenbasis mazeriert und gebrannt, die sieben Destillate anschließend vermählt.

Le Tribute hat es gut, denn er darf in eine Art-déco-Flasche, von der andere Gins nur träumen können. Noch besser hat es freilich der glückliche Besitzer, denn er darf dieselbe leeren. Der Tribute ist eine Hymne an die Sonne, wie sie strahlender nicht angestimmt werden könnte. Den Ton gibt eindeutig die orange Zitrusfraktion an, und zwar nicht nur zestig-bitter, sondern auch fruchtig-frisch. Und natürlich stellt sich auch eine delikate Süße ein, an der die Kumquats nicht unschuldig sein dürften. Schließlich ist der olfaktorisch zurückhaltende Wacholder gustatorisch stets präsent. Der Clou ist jedoch, dass die hohe Zitruskonzentration ins Gewürzige umschlägt. Unverkennbar sind Kardamom und Zitronengras, doch immer wieder meint man, auch frische Kräuter, Eukalyptus, Pfeffer, Koriander, Sternanis, Süßholz oder Muskat auf der Zunge zu haben. Die zweifelsohne glänzendste Gin-Antwort auf die unerbittlich brennende Sonne des Mittelmeers.

Destilerías Miquel Guansé, Vilanova i la Geltrú, Katalonien, Spanien

Botanicals Wacholderbeeren, Kardamom, Zitronengras, Kumquats, Mandarinen, Bitter-und Süßorangen, Pink und Green Grapefruits, Limetten, Zitronen

104_ Turicum Dry Gin

Lindenblüten, Tannenspitzen und Hagebutten
von den Zürcher Wacholderklippen

Nachdem der Lindenhof anno 1861 zur Parkanlage umgewidmet worden war, muss er den Zürichern ausgesprochen gut gefallen haben. Denn als vier Jahre später schwere Sturmschäden die Neugestaltung des zentral gelegenen Platzes unumgänglich machten, war die Entrüstung groß: Statt der Linden wurden nun Kastanien, Akazien und Götterbäume gepflanzt. Keine Linden auf dem Lindenhof? Nicht mit den Eidgenossen! Zwar gingen einige Jahre ins Land, aber dann mussten die frechen Neophyten wieder den guten alten Linden weichen. Ehedem römisches Kastell, später königliche Residenz, ist der Lindenhof nun seit mehr als 150 Jahren eine grüne Oase inmitten der Innenstadt, mit bestem Blick auf die jenseits der Limmat liegende Altstadt mitsamt Rathaus und Grossmünster. Man wird behaupten dürfen, dass der Lindenhof zu den vielen Sehenswürdigkeiten der ehemaligen römischen Zollstation Turicum, die heute auf den Namen Zürich hört, zu zählen ist.

Die lokalen Zutaten des Turicum sind »Lindenblüten vom Lindenhof«, »Handgepflückte Tannenspitzen aus Zürich« und »Hagebutten aus Olis Garten« (Oliver Honegger, einer der vier Gründer, neben Merlin Kofler, Philip Angst und Oscar Martin). Woher die Geheimzutat stammt, ist dagegen selbstverständlich geheim, nur dass sie »normalerweise eher in der Kosmetikproduktion verwendet« wird, hat Kofler verraten. Aloe vera? Lavendel? Kakaobutter? Oder sollte es sich um nichts anderes als eine Anspielung auf eine erfrischende Gurkenmaske handeln? Wie dem auch sei, geschmacklich würde man vielleicht eher auf Latschenkiefer tippen, kann der Turicum doch eine alpin-nadelhölzerne Grundstimmung nicht verhehlen. Herbe, bittere, ins Apothekarische lappende Kräutertöne branden an die Wacholderklippen, in die Gischt mischen sich fast unmerklich zarte Anklänge von Süßholz und Orangen. Turicum laude!

Better Taste, Zürich, Schweiz

Botanicals Wacholderbeeren, Koriander- und Angelikasamen, Süßholz, Voatsiperifery-Pfeffer, Tannenspitzen, Linden- und Orangenblüten, Hagebutten, frische Zitronen- und Orangenzesten sowie eine Geheimzutat

105 __ Vor Icelandic Gin

Thorkelssons hundertprozentiger Isländer

Island ist groß, nämlich die größte Vulkaninsel der Erde, aber auch klein, denn gerade einmal eine Drittelmillion Menschen leben auf dem gletscherbedeckten Eiland. Trotzdem gibt es fast ein halbes Dutzend Destillerien: 64° Reykjavik, Foss, Reyka, Thoran und eben Eimverk. 2009 gründete die Familie Thorkelsson – was für ein Name! – vor den Toren Reykjavíks die Brennerei und bastelte in 163 Durchgängen am ersten isländischen Whisky. Den Flóki gab es zunächst als Icelandic Young Malt, seit November 2017 auch als Icelandic Single Malt. Das erste Produkt, das auf den Markt kam, war 2014 jedoch der Vor Icelandic Gin.

Für Flóki verwendet Meisterdestillateur Egill ausschließlich isländische Gerste, nicht nur, aber auch vom familieneigenen Hof in Bjálmholt. Der resultierende Alkohol ist nicht nur die Basis des Whiskys, sondern auch des Gins. Er hat erheblich weniger Umdrehungen als bei Gin üblich und ist deswegen streng genommen nicht neutral, sondern bringt deutliche Getreidetöne ein. Man könnte sagen, beim Vor verschwimmt sowohl die Grenze zum Whisky als auch zum Genever.

Der Vor ist »100 %« isländisch – von der Gerste über die Wacholderbeeren und weiteren Botanicals bis hin zum Wasser stammen alle Zutaten von der Insel. Lediglich Rhabarber und Grünkohl werden für ihn angebaut, alle anderen Zutaten wachsen wild und werden per Hand gepflückt. Koriander, Zitrusfrüchte und andere übliche Verdächtige fallen also aus, stattdessen wird der Vor mit so außergewöhnlichen Botanicals wie Islandmoos oder Zuckertang, Krähenbeeren oder Birkenblättern geimpft.

Geschmacklich bedient der Vor, was man von einem 100-prozentigen isländischen Gin wird erwarten dürfen: Er ist herb, kräuterig, würzig, pfeffrig, erdig, moosig. Kurz: eine durch und durch rustikale Angelegenheit, so nordisch, wie Gin nur sein kann. Eine Runde Grünkohl mit Pinkel für alle!

Eimverk Distillery, Garðabær, Höfuðborgarsvæðið, Island

Botanicals Wacholderbeeren, Angelikawurzel, Rhabarber, Schwarze Krähenbeeren, Birkenblätter, Sand-Thymian, Grünkohl, Islandmoos, Zuckertang

106_ Whitley Neill Handcrafted Dry Gin

Stammbaum und Affenbrotbaum –
der englische Afrikaner

Die Geschichte des Whitley Neill Gins ist die von zwei Bäumen: dem Stammbaum und dem Affenbrotbaum. Thomas Greenall (1733–1805) gründete 1761/62 Greenall's Brauerei. Er hatte drei Söhne, darunter Edward, der 1860 die genau ein Jahrhundert zuvor von Thomas Dakin eröffnete Destillerie pachtete, die seine beiden jüngeren Brüder Gilbert und John 1870 endgültig käuflich erwarben. Dakin hatte wohl seit 1761 den Warrington Gin gebrannt, auf dessen Rezept sowohl Greenall's Original London Dry Gin als auch The Original Bombay London Dry Gin, die royale Mutter des Bombay Sapphire, zurückgehen. Edwards Tochter Isabella heiratete John Whitley. Ihr Sohn Thomas schenkte John James das Leben, dessen Tochter Elizabeth heiratete einen Neill, deren Spross John Whitley Neill 1934 das Licht der Welt erblickte. Sein Sohn John James, 1972 geboren, erinnerte sich der Familientradition, nicht des Brauens, sondern des Brennens, und kreierte 2005 den ersten afrikanisch-englischen Gin. Die familiengeschichtliche Pointe: Nicht im Hause Greenall, sondern in Englands bekanntester Lohnbrennerei kommt der Whitley Neill zur Welt.

Von der allzu komplizierten Genealogie zur vergleichsweise einfachen Biologie: Die Schlüsselzutat des Whitley Neill ist die Frucht des Affenbrotbaums, der in stilisierter Form die Flasche ziert. Sein afrikanischer Name Baobab stammt aus dem Arabischen und bedeutet »Frucht mit vielen Samen«. Die Frucht steht im Ruf, ein wahres Superfood zu sein, und schmeckt grapefruitartig mit Untertönen von Birne, Vanille und Karamell. Sowohl die Baobab-Aromen als auch jene der Physalis beziehungsweise Kapstachelbeere und der herkömmlichen Botanicals sind im Whitley Neill harmonisch vereint und brillant austariert – ein letztlich klassischer Gin mit leichtem afrikanischen Akzent.

Halewood Wines & Spirits, Liverpool, Lancashire / Langley Distillery, Oldbury, West Midlands, England

107__Wilderer Fynbos Gin

Honigbusch, Löwenohr und Teufelskralle

Es lief einfach für Helmut Wilderer: Ein Eagle, ein Birdie und noch einer, und nach dem 18. Loch kletterte der passionierte Golfer und Gastronom aus Karlsruhe ganz nach oben aufs Siegertreppchen. Der ausgelobte Preis: eine Reise, die ihn von Baden nach Südafrika verschlug. Im Golferparadies Sun City versuchte er, einen einheimischen Grappa oder Obstler zu bestellen – vergeblich. Das war Anfang 1994, und die seinerzeit noch staatliche »Koöperatieve Wijnbouwers Vereniging van Zuid-Afrika«, die größte Winzergenossenschaft der Welt, reglementierte die Spirituosenherstellung scharf: Grappa und Obstler verboten! Doch im April standen die ersten demokratischen Wahlen an, und, so viel war klar, danach würden Lizenzen vergeben. Gesagt, getan – Helmut Wilderer ergatterte die erste überhaupt, wanderte ans Kap der Guten Hoffnung aus und öffnete schon im Januar 1995 die Tore seiner Brennerei.

Umgeben von Obstplantagen und Weinbergen, widmete sich Wilderer zunächst Tresterbrand und Eau de Vie, dann auch dem Wacholder. Durch den Fynbos Gin atmet beides, der Grappa durch Trauben, der Obstler durch eine ausgeprägte Fruchtaromatik. Der Basisalkohol stammt von hellen Kap-Trauben und bringt eine angenehm volle Textur mit. Der Wacholder ist ganz vorne, ohne die anderen Aromen zu ersticken, unverkennbar und prägnant aber auch die feine Fruchtigkeit, die unergründlich zwischen Quitte, Reineclaude und Weinbergpfirsich mäandert. In der Zitruspartitur spielt Grapefruit die erste Geige, kongenial begleitet von Blutorange und Mandarine. Schließlich sind es frischer Kardamom, marzipanige Mandeln und cremige Vanille, die Frucht und Zitrus unterbauen und umspielen. Wilderers Gin ist zweifelsohne ein Glückskind von der Sonnenseite des Kap-Lebens. Aber möglicherweise ist das alles nur Einbildung, denn sowohl Kanna als auch Löwenohr, zwei der regionalen Fynbos-Botanicals, werden erhebliche psychoaktive Wirkungen nachgesagt. Großgütige Teufelskralle, erbarme dich!

Wilderer Distillery, Paarl, Westkap, Südafrika

108_ Williams Elegant 48 Gin

*Pure Eleganz: Williams Birne an
Marzipan-Wacholder*

Dass die dümmsten Bauern die dicksten Kartoffeln ernten (siehe Kapitel 109), ist ein nicht totzukriegendes Ammenmärchen. William Chase, Kartoffelbauer von der Rosemaund Farm zwischen Hereford und Leominster, war des ewigen eintönigen Knollenzüchtens überdrüssig. Also gründete er 2002 »Tyrrells«, um fürderhin hochklassige »English Chips« zu frittieren. Eine märchenhafte Erfolgsstory, denn gerade einmal sechs Jahre später verkaufte der pfiffige Landwirt die Marke für eine atemberaubende Millionensumme. Und hatte gleich die nächste Idee: Erdknollen-Wodka.

Als auch der Chase Vodka auf Anhieb einschlug, expandierte Chase. Mit dem Scharfsinn hochbegabter Agrikultureller schloss er, dass, was mit Erdäpfeln funktioniert, auch mit Freiluftäpfeln klappen könnte. Mit hofeigenen Bio-Mostäpfeln stellt er seither Cider her, den er zu Naked Chase Apple Vodka brennt. In einer Carter-Head-Destille namens »Ginny« wird der nackige Apfel-Vodka in Williams Elegant 48 Gin verwandelt. Ursprünglich hieß er Williams Elegant Crisp Gin, doch dann übermannte Chase die Zahlenmagie: Willy's Ledburyshire 48 Cider wird angeblich mit 48 Sorten Äpfeln angesetzt, die Column Still hat angeblich 48 Trennplatten, der Gin schließlich wird mit angeblich 48 Botanicals aromatisiert. Wer's glaubt, wird selig.

Selig macht jedenfalls der Genuss des überaus eleganten 48 Gins. Er ist, wenig überraschend, ungemein fruchtig, allerdings meint man, nicht in einen Apfel, sondern in viele saftige Birnen zu beißen – ein Schelm, wem nun der Genitiv »Williams« in einem anderen Licht erscheint. Dazu gesellt sich ein überwältigendes, vollmundiges Marzipanaroma. Birne-Marzipan-Wacholder ist freilich eine unzulässige Verkürzung der tiefgründigen, hochkomplexen Aromatik des Williams Elegant 48 Gin, der weit mehr zu bieten hat, als auf diese Seite passt.

Chase Distillery, Preston Wynne, Herefordshire, England

Botanicals Wacholderbeeren, Koriandersamen, Angelikasamen und -wurzel, Veilchenwurzel, Süßholz, Hopfendolden, Holunderblüten, Bramley (Äpfel), Orangen- und
Zitronenschalen und 37 geheime wild wachsende Botanicals von den eigenen Ländereien

109_ Windspiel
Premium Dry Gin
Samtweiche Erdtrüffeln aus Vulkanerde

Mindestens 15 »Kartoffelbefehle« verschickte Friedrich der Große zwischen 1746 und 1768 in die preußischen Provinzen. Immer wieder hatte es Missernten und Hungersnöte gegeben, ob in Brandenburg, Pommern oder Schlesien, und in der über Spanien nach Europa eingewanderten Knolle sah Friedrich die Lösung des Problems. Hartnäckig versuchte er, seinen »Unterthanen den Nutzen von Anpflantzung dieses Erd Gewächses begreiflich zu machen, und denselben anzurathen, dass sie noch dieses Früh-Jahr die Pflantzung der Tartoffeln als einer sehr nahrhaften Speise unternehmen«. Doch was der Bauer nicht kennt, das frisst er bekanntlich nicht. Und dass die dümmsten Bauern die dicksten Kartoffeln ernten (siehe Kapitel 108), half auch nicht, denn der Legende zufolge kochten sie aus Unwissen das oberirdische Grünzeug und bissen in die rohe Knolle – woraufhin sie sich weigerten, das Teufelszeug anzubauen.

»Getreu dem Kartoffelbefehl« verwenden Sandra Wimmeler, Denis Lönnendonker und Tobias Schwoll vom Weilerhof im beschaulichen 200-Seelen-Eifeldorf Berlingen »in Vulkanerde gereifte Kartoffeln« für den Rohalkohol. Destillateurmeister Holger Borchers ist Spezialist für die »Erdtrüffeln«, aus denen er eine samtweiche Basis brennt. Die Botanicals werden außergewöhnlich lange, bis zu mehrere Wochen, darin mazeriert, dann zunächst die Wacholderbeeren, später die restlichen Botanicals destilliert und zuletzt noch einmal mit Kartoffelalkohol verschmolzen. Der Windspiel ist äußerst delikat: Um den präsenten Wacholder gruppieren sich Zitrusnoten von Limette und Ingwer, schmeichelnde Gewürzaromen von Zimt und Süßholz, ein Hauch fruchtig-herbe Preiselbeere sowie bitter-balsamische Nadelbaum- und Eukalyptustöne. Seinen Namen hat der Windspiel übrigens von der gleichnamigen Hunderasse, der die ganze Leidenschaft Friedrichs des Großen galt.

Windspiel Manufaktur, Daun, Rheinland-Pfalz, Deutschland

Botanicals Wacholderbeeren, Koriandersamen, Zimt, Ingwer, Gewürznelken, Lavendel, Zitronenschalen und drei Geheimzutaten

110_Xellent Swiss Edelweiss Gin

Eine frühlingshafte Bergwiese
und ein frischer Alpengletscher

1918 gründete der damals 20-jährige Hans Affentranger die Distillerie Willisau und stellte, zunächst im Ein-Mann-Betrieb, Spirituosen, Liköre und Sirupe her. Ein Jahrhundert später ist Diwisa mit Umsatzzahlen im dreistelligen Millionenbereich der schweizweite Branchenprimus.

Unter Andreas und Adrian Affentranger führten die Willisauer den Markennamen Xellent ein – zunächst mit dem Swiss Vodka in der signalstarken blutorangenroten Flasche. Für ihn wird Roggen der Sorten »Matador« und »Picasso« aus dem Napfgebiet in den Emmentaler Alpen dreifach gebrannt – mit weichem, sauerstoffreichem und mineralhaltigem Wasser vom Titlisgletscher bei Engelberg einmal im Pot-Still-, sodann zweimal im Column-Still-Verfahren. Der Vodka aus dem Luzerner Hinterland besticht mit außergewöhnlichen Aromen: Sauerkirsche, Haselnuss und Bitterschokolade.

Kein Neutralalkohol, sondern der Swiss Vodka bildet die Basis des Swiss Edelweiss Gins. Für die Verwandlung des russischen in einen englischen Schweizer verwendet Chefdestillateur Franz Huber rund 25 Botanicals, darunter Zitronenmelisse und Lavendel aus dem brennereieigenen Kräutergarten sowie Edelweiß als urschweizerische Lokalzutat. Nach Mazeration und Destillation wird der Edelweiss Gin mit dem Gletscherwasser vom Titlis, das schon am Anfang des Vodkas stand, auf Trinkstärke gebracht. Er duftet mild nach frühlingshafter Bergwiese und medizinischen Kräutern. Auf der Zunge kann er eine gewisse Lieblichkeit nicht verbergen, die ganz offensichtlich von Edelweiß und Co. stammt. Dagegen halten erstens eine feine Bittere, zweitens ein Anflug von Zitrus und drittens eine alpine Gletscherfrische. Kein vollmundiges Kräuterbonbon, sondern ein Stück eidgenössisches Understatement – sogar Juniperus Rex hält sich zurück.

Diwisa Distillerie, Willisau, Kanton Luzern, Schweiz

Botanicals Wacholderbeeren, Edelweiß, Zitronenmelisse, Waldmeister, Lavendel, Holunderblüten und weitere Geheimzutaten

111 Xoriguer Mahón Gin

Trauben, Wacholder und ein streng gehütetes Familiengeheimnis

Die britische Admiralität nahm im Rahmen des Spanischen Erbfolgekriegs 1708 die strategisch wichtige Festung Mahón auf Menorca ein. Mit Unterbrechungen blieb sie ein knappes Jahrhundert britisch, und die englischen Besatzungssoldaten wollten keine Buddel voll Rum, sondern einen ordentlichen Gin. Also wurden Wacholderbeeren herangeschafft und die Brennblasen befeuert. Als die Engländer endgültig die Flagge strichen, blieb der Gin zurück.

Anfang des 20. Jahrhunderts, als es auf der Baleareninsel nur noch ein Handvoll Gin-Destillerien gab, brannte die größte nieder, und der ehemalige Angestellte Miguel Pons übernahm die Marke und das Rezept. Heute ist Miguel Pons Justo S. A. die nach eigenem Bekunden letzte der alten Ginschmieden auf der kleinen Nachbarinsel Mallorcas. Das Rezept ist, wie man an jeder Ecke liest, »ein streng gehütetes Familiengeheimnis«. Allerdings duftet und schmeckt der Xoriguer Mahón Gin verdächtig einseitig nach *Juniperus communis*. Gin de Mahón ist neben Plymouth Gin und Vilniaus Džinas aus Litauen der einzige Gin, der von der Europäischen Union durch die Verordnung 110/2008 geografisch geschützt wurde. Dafür reichte die Destillerie eine detaillierte technische Beschreibung ein, die keine Fragen offenlässt: Die Würze stammt offensichtlich allein von Wacholderbeeren. Sie werden mit Traubenalkohol in einer traditionellen Kupferblase über Holzfeuer destilliert. Kein Wacholderbrand für abenteuerlustige Gin-Entdecker, sondern ein einfacher, gut gemachter Gin vom Lande mit pittoresker Windmühle auf dem Etikett.

Der menorquinische Gin-Sonderweg setzt sich bei der Darreichung fort. Nicht in Tonic Water, sondern Bitter Lemon findet der Xoriguer seine letzte Bestimmung: ein Teil Gin, zwei Teile Bitter Lemon, ein Schnitz Grapefruit, eine Scheibe Ingwer, fertig ist das unschlagbar erfrischende Strandgetränk namens Pomada.

Destilerias Xoriguer – Miguel Pons Justo, Menorca, Spanien

112_ Tschin

Der betupfte Reckolder aus dem Schlossgarten

111, das ist bekanntlich eine Schnapszahl, wie passend, und als alle 111 Gins längst im Kasten waren und niemand mehr damit rechnete, flatterte, unverhofft kommt oft, ein Nachzügler ins Emons-Nest: der Tschin. Weswegen dieses Buch auf den letzten Drücker noch umbenannt werden müsste:»111 Gins und 1 Tschin, die man getrunken haben muss«.

Des Tschins Hauptzutat ist Reckolder, wobei es sich freilich um einen schwäbisch-alemannischen Ausdruck für den guten alten Wacholder handelt. Er wird auf einem Schloss gebrannt, genauer gesagt auf Käsers Schloss, wobei es sich allerdings nicht um einen Prachtbau für Adelige, sondern um ein Bauerngut mit Destillerie handelt. Im Fricktal, mitten in der grünen Schatzkammer des Juraparks Aargau, werden nicht nur alte Apfelsorten und junges Gemüse angebaut, vielmehr brennt Gutsherr Ruedi Käser seit Mitte der 1990er Jahre auch Hochprozentiges, selbstredend vorwiegend aus Ähren und Beeren, Knollen und Kräutern der eigenen Schlossgärten. Inzwischen haben die Brüder Michael und Raphael in fünfter Generation übernommen, während Ruedi Käser die Etiketten des Tschins Tupfen um Tupfen auf Büttenpapier malt, stets rot-goldgrün oben, grün-blau-rot unten.

Der Tschin ist ein herrlich entspannter Reckolder vom Lande. Aus der Flasche steigt ein deliziöses Marzipanparfum in die Lüfte, und sofort melden sich auch Fruchtnoten, die sich freilich jeder genaueren Bestimmung verwehren. Kirsche? Erdbeere? Oder vielleicht doch Apfel? Melone? Birne? Quitte? Sei's drum, der ungefähren spritzig-frischen Frucht steht eine nicht minder ungefähre Gewürzbittere entgegen, zu der neben Wacholder einige übliche Verdächtige, von der erdigen Angelika über den zitronigen Koriander bis zum lakritzigen Süßholz, ihren Beitrag geleistet haben dürften. Ein paar Kleckse Kirsche, Waldmeister und Erdbeer – fertig ist der betupfte Reckolder. Lange Rede, kurzer Gin: tchin-tchin!

Käsers Schloss, Elfingen, Kanton Aargau, Schweiz

Botanicals Reckolderbeeren, Kirschblüten, Waldmeister, Walderdbeeren und weitere Geheimzutaten

Botanicals – kurz und knapp

Wacholder ist Pflicht, Koriander, Angelika und Zitrusfrüchte sind die »üblichen Verdächtigen«, der Rest der folgenden Top Ten der Botanicals ist in sehr vielen Gins präsent.

Wacholderbeeren

Ohne *Juniperus communis* geht in Sachen Gin gar nichts – kein Wacholder, kein Gin. Er hat eine würzig-bittere und eine beerig-süße Seite. Erstere ist selbstredend die wichtigere und reicht bis hin zu Kiefernnadeln und Harz, Eukalyptus und Pfeffer. Letztere wird gelegentlich akzentuiert und kann fruchtige bis – insbesondere in Verbindung mit Süßholz – fleischige Aromen hervorbringen.

Koriandersamen

Während das Kraut des Korianders seifig schmeckt und vor allem in der asiatischen Küche eine ähnliche Rolle wie Petersilie übernimmt, sind die Samen einerseits ingwerwürzig, glänzen andererseits mit einem prägnanten Zitrusgeschmack. Sie fehlen in so gut wie keinem Gin, sorgen sowohl für die Gewürzgrundierung als auch eine herrliche Zitrusfrische.

Angelikawurzel

Ebenfalls aus so gut wie keinem Gin wegzudenken: *Angelica archangelica*, häufig Engelwurz genannt. Vor allem die Wurzel, aber auch Rhizom und Samen werden für Gin verwendet. Mit heißem Wasser aufgegossen, riecht sie holzig, nach Pilzen und ein wenig wie Weihrauch, im Gin sorgt sie für die Grundierung, mit oftmals als »erdig« beschriebenen Aromen und sowohl süßlich-würzigen als auch bitter-scharfen Noten.

Zitrusschalen

Ob Zitrone, Orange oder Grapefruit, Limette, Bergamotte oder Mandarine – mindestens eine Zitrusfrucht bringt ihre Aromen, ihre Frische und Fruchtnoten in so gut wie alle Gins ein. Zumeist werden getrocknete Schalen verwendet, moderne Brenner experimentieren jedoch zunehmend, wie es der Tanqueray No. Ten vorgemacht hat, mit frischen Schalen und ganzen Früchten.

Veilchenwurzel
Die Wurzeln (eigentlich: Rhizome) der Deutschen und Dalmatinischen Schwertlilie – *Iris germanica* und *Iris pallida* – werden im Englischen »orris root«, auf Deutsch Veilchenwurz(el), gelegentlich auch Iris- oder Schwertlilienwurzel genannt. Sie grundieren, verstärken und harmonisieren die anderen Botanicals und steuern selbst bittere, erdige und florale Noten bei.

Kardamom
In der Regel wird der Grüne, deutlich seltener der Schwarze Kardamom verwendet. Er stammt ursprünglich aus dem Süden Indiens, wird heute aber auch in Regionen Afrikas und Südamerikas angebaut. Aromatisch irgendwo zwischen Ingwer und Zitrone, Eukalyptus und Pfeffer, harmoniert der Grüne Kardamom perfekt mit Orangen.

Cassiazimt, Zimt (Ceylon-Zimt)
Der feine Ceylon-Zimt wird recht häufig eingesetzt, noch häufiger allerdings der chinesische, indonesische oder vietnamesische Cassiazimt. Die Rinde der Zimtkassie ist optisch gröber und aromatisch würziger. Zimt macht Gin – wie auch Vanille oder Safran – weich und samtig.

Süßholz, Anis, Sternanis, Fenchel
Süßholz wird auch Lakritze genannt. Die Wurzel bringt eine delikate Süße mit und enthält neben Geraniol den Aromastoff Anethol, der auch Anis und Fenchel seinen typischen Geschmack in Richtung Minze und Eukalyptus verleiht.

Lavendel, Kamille etc.
Stellvertretend für die Vielzahl der Blüten zwei der häufigsten: Lavendel verleiht Gins ein intensives florales Parfum, während Kamille ein angenehmes mild-bitteres Aroma zu bieten hat. Florale Gins haben nicht selten einen lieblichen Grundton mit kräuterähnlichem, aber weicherem und milderem Profil.

Paradieskörner, Kubebenpfeffer
Paradieskörner, auch Guineapfeffer genannt, stammen ursprünglich aus Westafrika, während Kubebenpfeffer zumeist aus Java oder Sri Lanka kommt. Auch Schwarzer Pfeffer und andere Sorten finden gelegentlich Verwendung und bringen – was sonst? – ein wenig Pfeffer ins Spiel.

Tonic – der treue Begleiter

Ob Martini oder Negroni, Fizz oder Gimlet, Aviation oder Paradise, Tom Collins oder French 75 – es gibt mehr als 1.001 Möglichkeiten, Gin die Kehle hinunterzuspülen. Sein Schicksal heißt aber eindeutig: Tonic.

Die elementare Zutat von Tonic Water ist Chinin, das aus dem Chinarindenbaum gewonnen wird. Mit dem Reich der Mitte ist er freilich weder verwandt noch verschwägert. Sein Name stammt vielmehr aus der Andensprache Quechua, in der »quina« Rinde bedeutet, er selbst ursprünglich aus den Höhenregionen Süd- und Mittelamerikas. Chinin ist ein natürliches Prophylaktikum gegen Malaria, das Mitte des 17. Jahrhunderts nach Europa gelangte, wo es auch Jesuitenpulver genannt wurde. Die Konzentration des Chinins im kräftigenden Tonikum war seinerzeit um ein Vielfaches höher als in heutigem Tonic – und damit natürlich auch deutlich bitterer. Wie sollte ein britischer Kolonialoffizier in Indien eine solch bittere Medizin herunterbekommen? Nun, bekanntlich wusste das britische Empire sich zu helfen, und bald fand das Traumpaar Gin und Tonic zueinander. Die Kombination von Alkohol, Wacholderbeeren, Botanicals auf der einen und karbonisiertem Wasser, Chinin, Zucker, Zitrus auf der anderen Seite stellte sich als historischer Glücksfall heraus und wurde zum beliebtesten aller Longdrinks.

Wer Gin sagt, muss auch Tonic sagen. Es stellt sich unausweichlich also nicht nur die Frage nach dem besten Gin, sondern auch jene nach dem richtigen Tonic Water. Die folgende Übersicht konzentriert sich auf das klassische Tonic ohne weitere Aromatisierung. Zur Unübersichtlichkeit trägt die Vielzahl der Varianten bei, und es ist generell Vorsicht geboten, denn zusätzliche Aromen neigen dazu, den Gin unkenntlich zu machen.

Jacob Schweppe entwickelte bis 1783 ein wirtschaftliches Verfahren zur Herstellung von Mineralwasser. Das Problem, wie die flüchtige Kohlensäure in der Flasche zu halten sei, löste er auf ebenso einfache wie elegante Weise: Er erfand die »Egg-Bottle«, eine eiförmige Flasche, die nur liegend gelagert werden konnte – der Korken blieb so immer feucht und die Kohlensäure in Gefangenschaft. Im Zeitalter des Kronkorkens dürfen Tonic-Flaschen gerne aufrecht lagern, aber das Problem stellt sich nach wie vor: Kohlensäure ist flüchtig und verduftet zügig aus einmal geöffneten Tonic-Flaschen. Die inzwischen weitverbreiteten 0,2-Liter-Glasflaschen sind deshalb unbedingt zu empfehlen: Tonic mundet aus Glas deutlich besser als aus Plastik – und hat keine Chance abzustehen.

Schweppes (v. l. n. r.): Tonic Original, Tonic Matcha, Tonic Hibiscus, Dry Tonic Water und Indian Tonic Water

Schweppes

Ein halbes Jahrhundert nach dem Tod von Jacob Schweppe (1740–1821) brachte Schweppes 1870 sein »Indian Tonic Water« auf den Markt. Es ist ein wenig gefällig, mäßig bitter und etwas süßer als manches Premium Tonic. Es harmoniert am besten mit robusten, klassischen Gins, die dagegenhalten können. Das »Dry Tonic Water« ist weniger süß, schön trocken, aber auch höchstens moderat bitter und mild-würzig, das »Pinkpepper« dagegen deutlich vollmundiger und aromatischer.

Fever-Tree

Fever-Tree wird der Chinarindenbaum im Kongo genannt, aus dem das Chinin für das »Premium Indian Tonic Water« stammt. Außerdem tragen Bitterorangen aus Tansania und englisches Quellwasser zu dem sowohl würzigen als auch ausgesprochen trockenen Tonic bei, das in jeder Hinsicht wohldosiert ist – und die Aromen nicht überdeckt, sondern glänzend zur Geltung bringt. Alle 111 Gins (der Tschin auch) wurden mit dem perfekten Allrounder getestet, der, wenn man so will, das Maß aller Wacholderdinge ist.

Fever-Tree (v. l. n. r.): Premium Indian Tonic Water, Mediterranean Tonic Water

Thomas Henry

Der englische Apotheker Thomas Henry produzierte Ende des 18. Jahrhunderts – zeitgleich mit Johann Jacob Schweppe in Deutschland – Soda- und Mineralwasser. Sein Name und das Konterfei seines Sohns William zieren ein Tonic Water aus Berlin, und fast ist man geneigt zu sagen, aus Mitte – es ist medium würzig, medium bitter, medium karbonisiert und hat eine süßliche Neigung. Ein Tonic, das besonders gut zu modernen, blumigen Gins passt.

Thomas Henry (v. l. n. r.): Coffee Tonic, Tonic Water, Cherry Blossom Tonic, Elderflower Tonic

1724

1.724 Meter über dem Meeresspiegel, in den chilenischen Anden, wird das Chinin für das gleichnamige Tonic geerntet. Das »1724« ist äußerst feinperlig und erinnert eminent an Champagner. Viel Chinin wächst nicht auf 1.724 Meter, deutlich präsenter ist das Aroma von milden Orangen. Ein komplexaromatisches Tonic, das mit modernen, ebenfalls komplexaromatischen Gins besser kann als mit wacholderstarken Klassikern.

Goldberg & Sons

Anfang des 20. Jahrhunderts vom Frankfurter Jacob Goldberg gegründet, ist die »Soda Company« längst in englischer Hand – und seit 2013 auch im deutschen Handel. Das »Tonic Water« ist mildbitter und medium karbonisiert, jedoch sehr frisch und zitronensauer mit leichten Mandarinenanklängen – und kann gut mit vielen Gins. Die beiden wichtigsten Goldberg-Variationen: das knochentrockene »Bone Dry Tonic« und das »Japanese Yuzu Tonic« – mit Yuzu, der Kreuzung aus Ichang-Zitrone und Mandarine.

Goldberg (v. l. n. r.): Japanese Yuzu Tonic, Indian Hibiscus Tonic, Tonic Water, Bone Dry Tonic

Fentimans

Thomas Fentiman, ein Stahlarbeiter aus West Yorkshire, braute ab 1905 Ingwerbier. Seine Firma schloss in den 1960er Jahren, wurde jedoch von Fentimans Ururenkel Eldon Robson 1988 neu gegründet. Wacholderbeeren, Kaffirlimette und Zitronengras prägen »Fentimans Tonic Water«. Seine unverkennbare Kräuteraromatik macht es zum perfekten Begleiter ausgesuchter, insbesondere wacholderstarker Gins.

Aqua Monaco

Der italienische Name Münchens lautet Monaco, was schon einmal zu Verwechslungen führen kann, zu Irrfahrten wahlweise an die Côte d'Azur oder nach Baviera, wie man Bayern südlich der Alpen nennt. Das Münchener Wasser basiert auf H_2O aus der Silenca-Quelle bei Markt Schwaben, glänzt mit Zitrusaromen und einer wohlbemessenen Bitterkeit als auch Kohlensäure. Vielleicht noch interessanter als die Grundform, das »Tonic Monaco«, ist die Extra-dry-Variante »Golden Monaco«.

Der Autor

Jens Dreisbach wurde 1970 geboren und lebt seit 1989 in Köln. Nach seiner Dissertation »Disziplin und Moderne« schrieb er als freier Autor Sport- und Fußballbücher. Dass man davon mächtig Durst bekommt, hätte er ahnen können, und so kam es. Als man ihm dann verriet, dass Nichttrinken auch nicht hilft, machte er aus der Not eine Tugend und sich auf die Suche nach dem Bindeglied zwischen gemeinem Wacholder und hoher Literatur.

Der Fotograf

Tobias Fassbinder, geboren 1988 im Herzen von Köln, ist seit 2009 ganz nach dem Motto »Mach glücklich, was dich glücklich macht« in den Bereichen Werbe- und Peoplefotografie tätig. Er liebt es, Ideen nach seinen Vorstellungen zu realisieren. www.tobias-fassbinder.com